点绿成金
生态产品价值实现的莲花探索

莲花县发展和改革委员会 编著
江西财经大学生态文明研究院

山西出版传媒集团
SHANXI PUBLISHING MEDIA GROUP
山西经济出版社

图书在版编目（CIP）数据

点绿成金：生态产品价值实现的莲花探索 / 莲花县发展和改革委员会，江西财经大学生态文明研究院编著.
太原：山西经济出版社，2024. 12. -- ISBN 978-7-5577-1437-6

Ⅰ. F127.564

中国国家版本馆CIP数据核字第2024SS1183号

点绿成金：生态产品价值实现的莲花探索
DIANLVCHENGJIN:SHENGTAI CHANPIN JIAZHI SHIXIAN DE LIANHUA TANSUO

编　　著：	莲花县发展和改革委员会，江西财经大学生态文明研究院
策　　划：	吕应征
责任编辑：	司　元
装帧设计：	庄　琦

出　版　者：	山西出版传媒集团·山西经济出版社
地　　　址：	太原市建设南路21号
邮　　　编：	030012
电　　　话：	0351-4922133（市场部）
	0351-4922142（总编室）
E - m a i l：	scb@sxjjcb.com（市场部）
	zbs@sxjjcb.com（总编室）

经　销　者：	山西出版传媒集团·山西经济出版社
承　印　者：	廊坊市印艺阁数字科技有限公司

开　　本：	787mm×1092mm　1/16
印　　张：	19.5
字　　数：	360千字
版　　次：	2024年12月　第1版
印　　次：	2024年12月　第1次印刷
书　　号：	ISBN 978-7-5577-1437-6
定　　价：	98.00元

本书编委会

主　　编：谢花林　贺立波　陈泗琦
副主编：刘志飞　王梦星
编　　委：邹金浪　陈倩茹　温家明　陈泽华　陈　彬　欧阳振益
　　　　　陈晶晶　李致远　李映江　李映华　冷克诚　罗世龙

点绿成金——生态产品价值实现的莲花探索

前 言

党的十八大以来，以习近平同志为核心的党中央将生态文明建设提升至关系中华民族永续发展的根本大计这一高度，开展了一系列具有开创性的工作，决心之坚、力度之强、成效之显均达到了前所未有的程度，生态文明建设无论是在理论层面还是实践层面，都经历了历史性、转折性、全局性的深刻变革。

习近平总书记在考察江西时着重指出，绿色生态是江西最宝贵的财富、最突出的优势、最响亮的品牌，江西要致力于打造美丽中国"江西样板"。作为全国唯一同时拥有国家生态文明试验区和生态产品价值实现机制国家试点的省份，江西做出了打造"国家生态文明建设高地"的战略决策与部署。萍乡市积极凝聚力量推动绿色转型，全力以赴打造产业转型升级的标杆城市。

莲花县是地处赣西边陲的安城古地，向来有着"泸潇理学，碧云文章"的美誉。这里是毛泽东同志引兵井冈的决策之地，是井冈山革命根据地和湘赣苏区的重要组成部分，"将军农民甘祖昌"和"老阿姨龚全珍"的事迹闻名遐迩。党的十八大召开之后，莲花县深入贯彻习近平生态文明思想，全心全力打造全域美丽、全民共享、全国闻名的生态名县，为推进"小县大城"战略的精彩 "变现"而奋勇前行。

莲花县通过系统化治理、产业化经营、品牌化打造、数字化赋能、多元化参与以及制度化建设等协同共进的路径，推动生态产品价值实现保值增值、提质增效。经过长期坚持不懈的努力，莲花县形成了一系列生态产品价值实现模式，诸如吉内得田园综合体多业态融合发展模式、胜龙牛业生态循环农业价值实现模式、莲花血鸭生态价值全产业链融合模式、秸秆产业化利用模式、莲江湿地公园生态综合治理与提升模式、中草药林下经济种植模式、废弃矿山生态修复与价值提升模式、江西甘祖昌干部学院红色培训全民共享模式、莲小花助力生态产品走出去模式以及生态产品交易中心整合交易模式等。

在全面开启建设人与自然和谐共生现代化的美丽中国新征程之际，莲花县坚守初心、砥砺奋进。牢固树立并践行绿水青山就是金山银山的理念；全面总结过往"两山"转化的经验。本书以莲花县生态产品价值实现的实践探索为研究对象，以入选江西省生态产品价值实现改革示范基地为契机，系统总结党的十八大以来莲花县在生态产品价值实现方面的经验，深入挖掘"两山"转化的内涵，有效推动经济发展与生态建设协同共进，为生态产品价值实现树立莲花经验。

编者
2024 年 5 月

目 录

全域美丽·生态产品篇 01

第一章 莲花县概况 02
第一节 县情简介 04
第二节 社会经济概况 08
第三节 自然环境条件 11
第四节 生态系统类型 15

第二章 自然生态产品 16
第一节 绿水 18
第二节 青山 20
第三节 蓝天 22
第四节 秀美乡村 23

第三章 生态文化产品 29
第一节 绿色文化产品 30
第二节 红色文化产品 43
第三节 古色文化产品 52

第四章 生态特色农产品 70
第一节 莲花血鸭 74
第二节 胜龙肉牛 76
第三节 吉内得大米 78
第四节 莲花白鹅 82
第五节 莲花山茶油 86
第六节 莲产品 88
第七节 莲花老酒 91
第八节 晶沙柚 93
第九节 莲花茶叶 95

第十节　蜜梨 97
　　第十一节　洞背西瓜 100
　　第十二节　蜂蜜 101

全民共享·价值实现篇 103

第五章　生态产品价值实现的战略目标与机制 105
　　第一节　战略目标和格局 106
　　第二节　生态产品价值评价机制 113
　　第三节　生态产业化和产业生态化机制 116
　　第四节　"两山"转化运营机制 125
　　第五节　生态司法保障机制 130

第六章　生态产品价值实现路径 136
　　第一节　系统化治理，生态产品价值保值路径 139
　　第二节　产业化经营，生态产品价值增值路径 147
　　第三节　品牌化打造，生态产品价值提质路径 155
　　第四节　数字化赋能，生态产品价值增效路径 159
　　第五节　多元化参与，生态产品价值共享路径 162
　　第六节　制度化建设，生态产品价值保障路径 166

第七章　生态产品价值实现模式 169
　　第一节　稻花香里说丰年，听取"哇"声一片
　　吉内得田园综合体多业态融合发展模式 170
　　第二节　肉牛变身振兴牛，农户奔上致富路
　　胜龙牛业生态循环农业价值实现模式 180
　　第三节　莲花血鸭香飘四方，产业发达赞声扬
　　莲花血鸭生态价值全产业链融合模式 189
　　第四节　秸秆再生利无穷，绿色循环展新容
　　秸秆产业化利用模式 195
　　第五节　守护一方沃土，共建美好家园

莲江湿地公园生态综合治理与提升模式 202
　　第六节 立足生态优势，做足林下文章
　　中草药林下经济种植模式 207
　　第七节 废矿修复满眼绿，产业导入绿生金
　　废弃矿山生态修复与价值提升模式 213
　　第八节 落"红"不是无情物，化作春泥更护花
　　江西甘祖昌干部学院红色培训全民共享模式 221
　　第九节 一莲优品，如花似锦
　　"莲小花"助力生态农产品走出去模式 228
　　第十节 资源整合搭台，多方参与唱戏
　　莲花县生态产品交易中心整合交易模式 233

第八章 生态产品价值实现典型乡村实践探索 236
　　第一节 典型乡镇实践探索 238
　　第二节 典型村庄实践探索 255

全国闻名·成效和展望篇 271

第九章 生态产品价值实现成效 272
　　第一节 实践探索取得突破 275
　　第二节 硕果累累载誉前行 281
　　第三节 新闻媒体频频关注 284

第十章 生态产品价值实现展望 287
　　第一节 生态产品价值实现体制机制更完善 288
　　第二节 生态产品价值实现转化通道更顺畅 294
　　第三节 生态产品价值实现模式路径更多元 297

全域美丽·生态产品篇

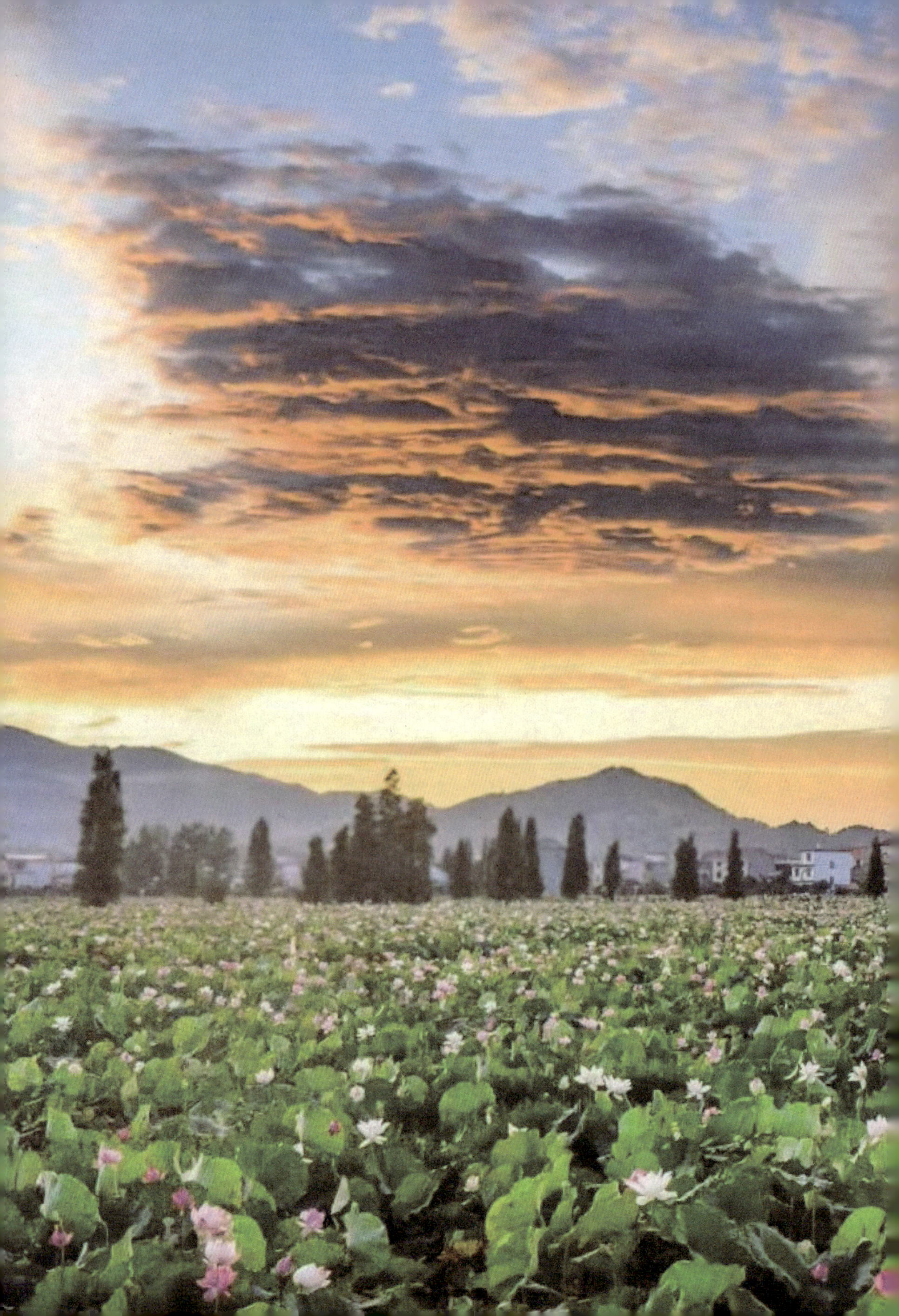

第一章

莲花县概况

第一节 县情简介

江西省萍乡市莲花县是全国唯一以花卉命名的行政县，被中国花卉协会命名为"中国莲花之乡"。莲花县位于江西省西部，罗霄山脉中段，井冈山北麓，东北与安福县接壤，东南与永新县毗邻，西南与湖南省茶陵县、攸县相连，北面与芦溪县交界。南北长约58公里，东西宽约38公里，地处东经113°46′～114°09′、北纬26°57′～27°27′，国土面积1072平方公里。莲花县中心城区距南昌市339公里，距离萍乡市88公里，距离长沙市208公里。截至2024年，辖13个乡镇、157个行政村，总人口27万。

图1-1 莲花县城（图片来源：莲花县人民政府网）

莲花县（以下简称莲花）是赣西边陲的安成古地，一个历史悠久的古县。秦汉年间设立安成县，晋太康元年置广兴县，清乾隆八年（公元1743年）置莲花厅，1912年改为莲花县，是江西省十大文化古县。新中国成立后，隶属吉安地区，1992年划属萍乡市至今。莲花素有"泸潇理学，碧云文章"之美誉，元朝名僧、诗人释惟则，明朝文学家、理学家刘元卿，清朝帝师朱益藩，现代沙漠学家李鸣岗，中科院院士、"世界地震工程之父"刘恢先等都堪称莲花人的骄傲。

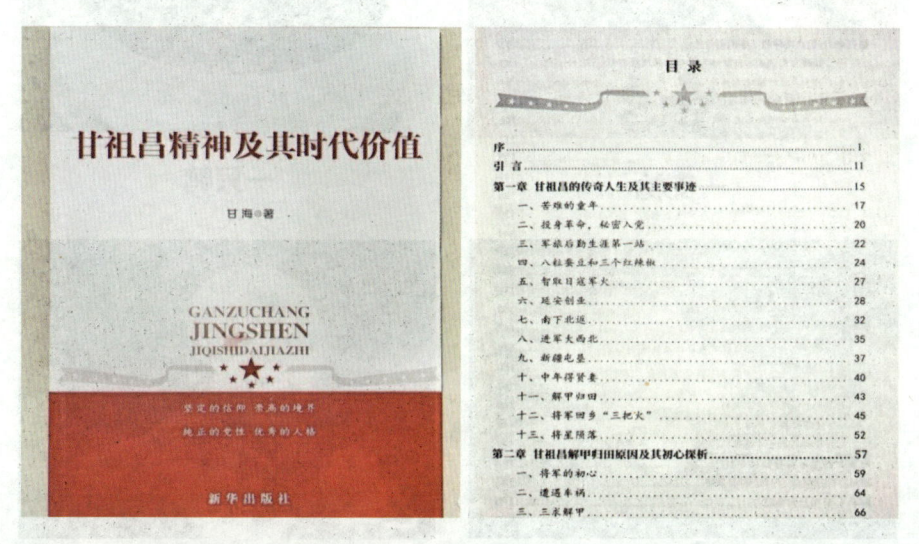

图1-2 《甘祖昌精神及其时代价值》出版发行（图片来源：莲花发布）

莲花是红色革命圣地，一个传统光荣的全红县。这里是毛泽东同志引兵井冈山的决策地，是胡耀邦同志革命生涯第一站，是井冈山革命根据地和湘赣苏区的核心区域。毛泽东、朱德、方志敏、彭德怀、陈毅、胡耀邦、宋任穷等老一辈无产阶级革命家都曾在这里留下光辉的战斗足迹。革命战争时期，出自莲花的革命烈士达 3480 名，在刑场上用脚趾血书写出"革命成功万岁"的第二任中共县委书记刘仁堪，就是其中代表之一有并开国将军 13 位。另外，"莲花一枝枪""将军农民甘祖昌""全国道德模范、感动中国十大人物、全国优秀共产党员龚全珍老阿姨"的故事闻名遐迩。

一支枪

一只鸭

一朵花

一个老阿姨

图 1-3　莲花县四大名片（图片来源：莲花县人民政府网）

莲花县是宜居、宜游的绿色福地，一个生态优美的名县。荷博园成功创建国家 4A 级旅游景区，一枝枪纪念馆、花塘官厅成功创建国家 3A 级旅游景区。境内丘陵起伏，河流、密林众多，呈天然之秀，森林覆盖率达 73.78%，拥有玉壶山省级风景名胜区、寒山省级森林公园和高天岩省级自然保护区，是人们休闲旅游的好地方，拥有国家生态文明示范县、国家重点生态功能区、全国文明县城、全国绿色食品原料（水稻）标准化生产基地县、全国休闲农业与乡村旅游示范县、省级生态产品价值实现机制改革示范基地、省森林城市、省园林县城、省卫生县城、省首届十佳绿色生态县、省十大最具幸福感城市、省旅游发展十佳县等荣誉称号。

第二节 社会经济概况

"郡县治则天下安，县域兴则国家强。"近年来，莲花县的经济社会发展取得长足进步。2023年全县地区生产总值增长3.8%，城镇、农村居民人均可支配收入分别增长3.4%、8.6%。

工业集群规模壮大。坚持主攻工业不动摇，2023年，全县85家规模以上工业企业实现总产值60.15亿元。2023年制造业重点产业链现代化建设"6210"行动深入推进，"1+2+N"产业体系不断完善，2023年新材料、电子信息、压缩机三大主导产业规上企业完成营业收入37.43亿元，增长36.4%。积极培育新兴产业。2023年，新增瞪羚企业1家，累计瞪羚（潜在）企业5家，认定国家高新技术企业7家，有效期内国家高新技术企业12家，入选国家库科技型中小企业44家。"映山红行动"升级工程成效显现，宝海微元、大地制药、昊泰冶金等企业上市步伐加快。

农业经济提质增效。以"粮头食尾、农头工尾、畜头肉尾"为抓手，提出大力发展"一头牛（胜龙肉牛）、一粒米（莲花大米）、一朵花（莲花）、一道菜（莲花血鸭）、一条龙（农事全程机械化服务）、一山宝（林下经济）"的"六个一"主导产业发展思路，并配套了一系列产业奖补政策。2023年，获评了省级共建江西绿色有机农产品基地试点省"县级先行标杆"。莲花麻鸭、莲花大米和莲花肉牛纳入2022年第二批全国名特优新农产品名录，2023年全县新增全国名特优新农产品11个，增量位居江西省第一。大力发展富硒农产品，获评全省一类富硒功能重点农业县，吉内得国家稻田公园获评全国第一批农耕文化实践营地。胜龙牛业入选"江西省十大新锐消费品牌"，以第一序位上榜2022年农业产业化国家重点龙头企业递补企业名单。莲花白鹅成功注册国家地理标志证明商标，实现了我县"零的突破"。积极对外推广莲花血鸭区域公用品牌，先后开展"莲花血鸭菜非遗"高铁专列和上海黄浦江游轮宣传活动，举办"莲花血鸭进长沙"等系列活动，推动莲花血鸭走进长沙100家餐饮门店。

图1-4 萍乡市食品科技产业园（莲花园区）开工奠基仪式

（图片来源：莲花发布）

第三产业繁荣活跃。持续开展"莲文化"旅游节、"油菜花"节等花节活动，举办"百城百夜""惠享消费，嗨购莲城"等文旅商贸消费活动，文旅消费潜力进一步激发。上线"慢游莲花"小程序，实现"一部手机游莲花"。罗霄山生态旅游项目签约落地，计划总投资30亿元。小江景村、棋盘山红黎石冲景村、寒山九曲飞瀑等一批"网红打卡地"接连涌现，"'硒'游莲花，畅享一夏"乡村旅游线路获评2022年农业农村部中国美丽乡村休闲旅游行（夏季）精品景点线路，六市乡获评"江西避暑旅游目的地"。2023年，举办首届萍"湘"美食节，吸引湘赣边区域24个县市区134个商家参加。另外，红色培训接待学员3万余人次。

图1-5 萍乡市食品科技产业园示意图

第三节 自然环境条件

莲花县气候温和，光照充足，雨量充沛，四季分明，生态环境幽美，是典型的江南鱼米之乡。年平均气温17.5℃，年降水量在1600—1700毫米之间，年平均日照为1697.4小时，无霜期年平均284天。

全县地貌由山地、丘陵、岗地、河谷平原和山间盆地组成，地势北、东、西三面高，中部和南部低，四周山岭环绕，其中，境内最高峰石门山海拔达1300.5米、高天岩海拔1275米、西部帽子山海拔1148米。莲花县平均海拔300米。

全县主要河流莲江发源于境内北面高山高天崖，总长69.4千米，流域面积901.47平方千米，六市江水流入湖南渌水，路口溪流流入安福泸水。

全县境内野生动植物种类繁多。莲江河畔，素有"水质状况监测鸟"之称的白鹭成群结队，嬉戏觅食。以下情形，更展现了其水质优良的情况，例如，国家二级保护动物，雄性成年白鹇，飞进湖上乡凡家村村民家中。似猫非猫、呆萌可爱的国家二级保护野生动物斑林狸误入琴亭镇居民家中。国家二级保护动物藏酋猴在闪石乡洞背村的树林中玩耍。国家二级重点保护野生动物灰鹤现身六市乡山口村。对水环境要求极高的"水中大熊猫索氏桃花水母"是神泉乡大湾村自然水域的常住"乡民"。

图1-6 白鹭（图片来源：莲花发布）

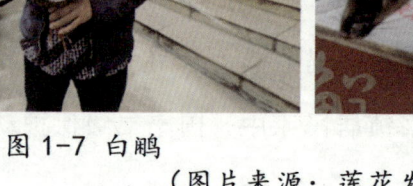

图1-7 白鹇　　　　图1-8 斑林狸

（图片来源：莲花发布）

图 1-9 藏酋猴（图片来源：莲花发布）

图 1-10 灰鹤（图片来源：莲花发布）

13

图1-11 索氏桃花水母（图片来源：莲花发布）

第四节 生态系统类型

生态系统是地球上生命维持运转的基础。森林是"地球之肺",是二氧化碳的消耗者和氧气的生产者,通常1公顷阔叶林1天可以消耗1000千克的二氧化碳,释放730千克的氧气。森林吸附粉尘的能力比裸露的大地强75倍,闹市区空气的细菌,比绿化区多7倍以上。森林与湿地、海洋并称为地球三大生态系统,是独特的自然资源和重要的生态基石,也是淡水之源、地球之肾、物种基因库、灾害缓冲器和高效"固碳器"。

2021年,莲花县森林生态系统面积为75212.25公顷,占全县国土面积的70.18%;湿地生态系统面积为2684.94公顷,占比2.51%（详见表1-1）。

表1-1 2021年莲花县生态系统类型面积及比重

生态系统类型	森林	农田	城镇	湿地	草地	裸地	总计
面积（公顷）	75212.25	19287.58	9488.09	2684.94	494.33	1.55	107168.74
比例（%）	70.18	18.00	8.85	2.51	0.46	0.00	100.00

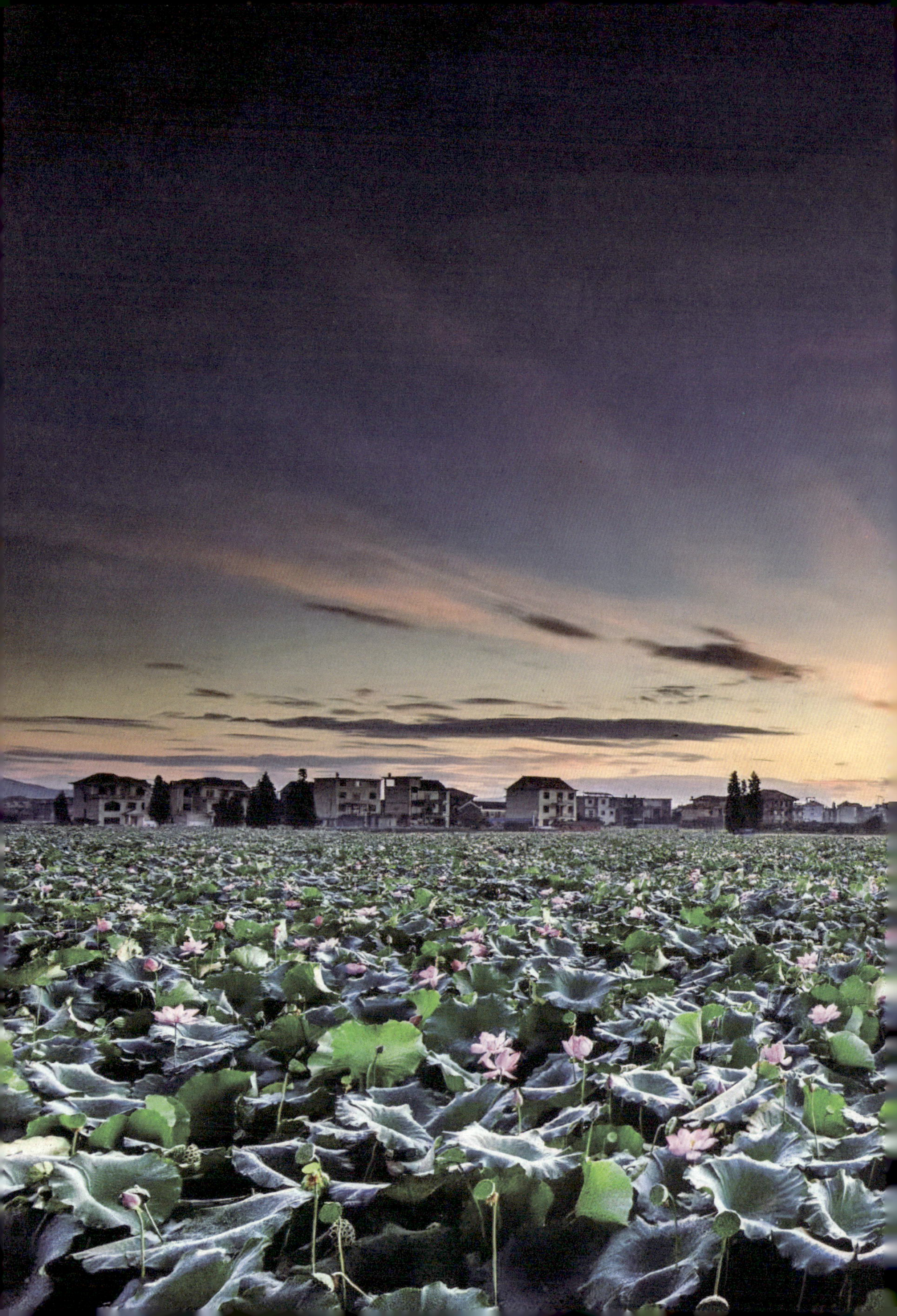

第二章

自然生态产品

第一节 绿水

莲花县主要河流发源于境内北面的高洲乡高天岩，自北向南流经高洲、坊楼、南岭、良坊、琴亭、升坊，汇合南村水等若干支流，经县城东南龙山口流入永新河，全长69.4km，流域面积969km^2；六市江水流入湖南渌水，路口溪流流入安福泸水。人均水资源量3768m^3，人均综合用水量477m^3，农田灌溉亩均用水量499m^3。出境水质始终保持在Ⅱ类，水质断面达标率100%。境内有莲江国家湿地公园，还有寒山水库、锅底潭水库、河江水库等中型水库。

图2-1 莲江湿地公园（图片来源：县融媒体中心）

第二章 自然生态产品

图 2-2 寒山水库（图片来源：莲花发布）

图 2-3 锅底潭水库（图片来源：莲花发布）

图 2-4 河江水库（图片来源：莲花发布）

第二节 青山

莲花县自然环境优越，植被系江南山地丘陵常绿栲楠林、油茶林、松杉林区。全县林地面积达114.6万亩，占全县总面积的72%，全县活立木总蓄积量306.8万立方米，森林覆盖率为73.78%，林木绿化率72.74%，林业总产值累计达到5.09亿元。境内有玉壶山、石门山、棋盘山等名山。

图2-5 玉壶山（图片来源：莲花发布）

第二章 自然生态产品

图 2-6 石门山（图片来源：百度百科）

图 2-7 棋盘山（图片来源：百度百科）

第三节 蓝天

近年来，莲花县先后开展大气污染防治、大气污染、臭氧污染防治管控、露天焚烧行为管控行动等综合治理。全县PM2.5、PM10、臭氧、二氧化硫、二氧化氮、一氧化碳六项指标浓度均达到国家环境空气质量二级标准；全县PM2.5年平均浓度均值为18微克/立方米，改善幅度为18.2%，空气质量优良率为100%。全域实现了PM2.5和优良天数双改善。

图 2-8 蓝天白云（图片来源：搜狐新闻）

第四节 秀美乡村

莲花县聚焦"走在前、勇争先、善作为"目标要求,"三区三县"总体目标和"小县大城"总体战略,从示范创建新乡村、村庄整治等方面着手,进一步补齐农村基础设施和公共服务设施短板,着力打造一批新农村建设提升点,以示范引领带动乡村全面振兴。

全面落实"四精"建设要求,积极争创全省第三批美丽宜居示范县,围绕"五化""五优""五美"标准,依托全县"经典的红色历史""厚重的古色文化""优美的绿色资源",打造坊楼镇和南岭乡2个全域美丽乡镇、江山村、田心村等10个自然村,以及1616户美丽庭院,推动形成"点上精美、线上出彩、面上宜居"的新发展格局。美丽庭院经验做法获江西省农业农村厅推介。

江山村,位于莲花县坊楼镇东,距319国道5公里,全村总面积5平方公里,农业人口648人,森林覆盖率达93%。江山村煤炭资源较丰富,这里山水相依、冬暖夏凉。其毗邻闹市,却独享宁静,生态优良、满田苍翠、乡村文明、路不拾遗,是创建休闲农家乐、旅游度假的最佳胜地。2010年被入选为江西省乡村旅游示范点。

田心村,位于莲花县良坊镇南部,距离县城4公里,交通便

图 2-9　江山村（图片来源：莲花发布）

利，清白溪穿村而过。这里山清水秀，垂柳依依，有着江南小桥流水人家的如画风景。近年来，田心村坚持"党建＋脱贫攻坚"，大力实施乡村振兴战略，以生态建设为基础发展产业扶贫，优化村庄环境，倡导文明风尚，实现了高质量跨越式发展。截至2024年，该村已获评"国家森林乡村""第六届江西省文明村镇""江西省省级生态村""江西省水生态文明示范村""江西省乡村森林公园""江西省4A级乡村旅游点"。

图 2-10 田心村玉溪民俗园（图片来源：江西手机报）

高滩村，村域面积约 18 平方公里，位于萍乡市莲花县高洲乡北部，距莲花县县城约 34 公里，交通条件便利。高滩村背倚山林，莲江穿村而过，其风景或水汽氤氲、或碧空万里，秀美如画，自然环境条件优越。村内地质遗迹资源丰富多样，历经 3 亿年地质演变形成的高滩沧海桑田溶洞带，从原来的一片汪洋大海，历经构造断裂、水流冲刷溶蚀、差异风化、重力崩塌等内外地质营力的综合作用，这里形成独具特色、令人称奇的岩溶地貌和碎屑岩地貌。其中，有以水云洞、拱背桥岩下溶洞带等为代表的岩溶地貌遗迹；有以拱背桥河、拱背桥瀑布、晴雨泉为代表的水体地貌遗迹；有以擂鼓谷为代表的峡谷地貌。

图 2-11 高滩村（图片来源：搜狐新闻）

小江村，位于坊楼镇东南部，远山如黛，江水似碧玉罗带，蜿蜒群峰与村落间，九湾碧水流淌出一村诗画，如画生态与诗意乡村相映成趣。小江村立足生态资源，依托人文底蕴，深挖"潇溪"文化，做庭院、民宿，走文化研学之路，为村集体经济和村民增收赋予新动能。目前，已初步形成了"果业+农旅+研学+民宿"的产业发展新格局。

图 2-12 小江村（图片来源：莲花发布）

图 2-13 湖塘村（图片来源：莲花发布）

　　湖塘村，位于莲花县路口镇东南面，地处罗霄山脉中段南云山北麓山脚，是个已有 500 多年历史的传统古村落，其现存明清古建筑 50 余栋，风格独具"湖塘"特色，先后入选"中国美丽休闲乡村""中国传统村落"。湖塘村依托深厚的古色底蕴和丰富的红色资源，实现古村落保护与乡村旅游相结合，走出一条高质量、可持续发展的古村落保护利用，且助推乡村振兴的发展道路。

　　海潭村，位于江西省萍乡市莲花县六市乡的东南部，是莲花县六市乡"美丽乡村"的核心区域，以海潭湖湿地公园为中心，结合周边的茶园、果园、林地和村落，集农家餐饮、滨水观光、生态休闲、度假养生、采摘体验于一体的休闲经济示范村。先后获得了"全省百佳优美村庄""全省新农村建设点最优美村庄""全市新农村建设工作优美村庄"、萍乡市"十面红旗"村、萍乡市"文明村"等称号。"海潭人家"景区被认定为江西省4A级乡村旅游点，成为"福地莲花"美丽乡村的示范村。

图 2-14 海潭村（图片来源：莲花发布）

第三章

生态文化产品

第一节 绿色文化产品

莲花县是第三批国家生态文明建设示范市县。这里是绿色的家园，是花的海洋，处处洋溢着生机与希望。

近年来，莲花县坚定不移地践行"绿水青山就是金山银山"这一科学理念，充分挖掘自身优势，大力打造丰富多样的生态文化产品。这里的自然景色千变万化，或壮美秀丽，或清幽雅致，每一处都别具一格；同时，那底蕴深厚的红色文化更是熠熠生辉，二者交相辉映，为文人墨客和四方旅客带来与众不同的体验，让每一个到访者都能感受到这片土地独特的魅力。

经过多年的拼搏奋进，莲花县就像一位技艺高超的画家精心绘制出了一幅美轮美奂的新画卷，画卷中绿水青山相依相偎，向世人展示着生态文明建设的丰硕成果。

一、荷博园

莲花县，作为中国唯一一个以花卉命名的农业大县，这里田地肥沃广袤，水资源充沛丰盈，近千亩的农田连为一体，构成了一幅壮阔的田园画卷。其独特的自然环境堪称得天独厚，是荷花生长的最佳适宜区，仿佛是大自然专为荷花量身打造的天堂。

荷博园，这座国家 4A 级景区，坐落在莲花县琴亭镇莲花村，宛如一座荷花的王国。它占地面积约 5000 亩，规模宏大，气势非凡。这里是全国连片种植荷花面积最大的区域，也是品种最为丰富的荷花主题景区，各种各样的荷花在这里争奇斗艳、竞相绽放。它凭借自身无与伦比的魅力，当之无愧地成为全国最佳赏莲胜地。在 2016 年，荷博园更是凭借其卓越的生态旅游价值，被中国 CCTV 生态旅游品牌盛典组委会授予"中国生态旅游最美荷花园"这一殊荣，令世人瞩目。

图 3-1 荷博园美景（图片来源：莲花发布）

二、寒山觅静

荷塘乡严格遵循全市全力推进打造"全域旅游发展特色区"以及"红色基因传承创新区"的部署安排，并紧密结合莲花县"生态立县"的发展定位，围绕"寒山觅静"这一主题，巧妙地将乡村文化元素融入其中，把乡村红色旅游、休闲旅游、研学旅游有机地融合起来,全力以赴打造乡村旅游样板示范点,其中涵盖了双江冲"三潭映月"、寒山水库、白竹雪景等特色景点。

"寒山觅静"——双江冲"三潭映月"。"三潭映月"坐落于荷塘乡珊溪村双江冲。在景区内,四周的树木郁郁葱葱,连绵成片,它们像是忠诚的卫士,覆盖着山岭,荫庇着峡谷。这里风景如画,秀丽迷人,空气清新宜人,处处可见树与藤相互缠绕,宛如大自然编织的精美画卷。由于山间地势和落差各有差异,于是形成了三道别具一格的瀑布。它们姿态各异,有的如银河飞流直下,气势磅礴;有的似玉珠飞溅垂落,轻盈灵动;有的像银练迂缓倒挂,优雅舒缓。瀑布飞泻而下,汇聚成三个水潭,"三潭映月"也因此得名。

图 3-2 双江冲"三潭映月"风光美景

(图片来源:莲花发布)

"寒山觅静"——白竹雪景。白竹村地处荷塘乡西南部,坐落在罗霄山脉中段那连绵起伏的群山怀抱之中。这里仿佛是一处被时光遗忘的世外桃源，植被得到了极为完好的保护，森林覆盖率高达 92%，满眼皆是郁郁葱葱的树木，宛如一片绿色的海洋。

　　在白竹村境内，有着众多令人称奇的优美自然景观和承载着厚重历史的人文遗迹。皇帽岭巍峨耸立，似一位头戴皇冠的巨人俯瞰大地；雷打石神秘莫测，仿佛在诉说着古老的传说；龙虎长石栩栩如生，宛如龙虎盘踞，气势非凡。天仙湖宛如一面镜子，倒映着周围的山峦和天空，静谧而美丽。跌水崖瀑布和奉先桥瀑布，飞瀑流泉，水花飞溅，似银河落九天，奏响着大自然的雄浑乐章。那一片古松群，苍松翠柏，傲然挺立，见证着岁月的变迁。四百年古银杏，宛如一位慈祥的老者，承载着历史的记忆，金黄的叶片在阳光下闪耀着迷人的光彩。人字瀑形态独特，像是大自然用笔墨书写的一个"人"字，充满了诗意。西竺寺庄严肃穆，弥漫着浓厚的宗教文化气息。还有湘赣边游击战争指挥部旧址，无声地诉说着那段波澜壮阔的革命历史。

图 3-3 白竹雪景（图片来源：赣云莲花）

而当冬日的雪花纷纷扬扬飘落之时，这片土地上的所有美景都被银装素裹，别有一番如梦似幻的独特风味，宛如一幅淡雅的水墨画卷在眼前徐徐展开。

"寒山觅静"——九曲飞瀑。九曲飞瀑坐落于莲花县荷塘乡寒山村。当月光如澄澈的水一般洒下，山间的寒风带着丝丝凉意轻拂而过，瀑布那轰隆轰隆的声音便如滚滚春雷般传来。每一曲水流，都似一首悠扬的乐章，直入人心。

在瀑布下的小亭中感受大自然的击鼓乐，抹去心中的躁动；一层层雪花般的水流让人陶醉其中，与自然融为一体。九曲山，十八弯；水打鼓，进寒山。

图 3-4 九曲飞瀑（图片来源：东尔拾梦公众号）

三、初心茶园

近年来，莲花县充分凭借自身的生态优势，紧紧围绕红色传承、绿色生态、全域旅游这三大主题，巧妙地将农业产业与生态旅游有机融合。期间，积极引入社会资金达 3000 余万元之多，同时分批整合产业发展资金 1800 万元，全力实施茶园基础设施提升以及产能扩大项目，志在精心打造集国防教育、野外宿营、生态康养和休闲旅游于一体的综合性基地。

萍乡市莲花县坊楼镇的甘红初心茶园，宛如一颗璀璨的明珠，散发着迷人的魅力。这里的美景如画，那漫山遍野的茶树郁郁葱葱，仿若一片绿色的海洋。众人采茶的场景更是蔚为壮观，采茶工们穿梭其中，巧手如飞，构成了一幅生动的田园画卷。如此盛景，吸引了周边地区的游客们如潮水般纷至沓来。

每至节假日，茶园里更是热闹非凡。不少孩子在家长的陪伴下，兴高采烈地来到茶园，亲身参与到采茶活动中，感受其中的独特乐趣。游客们在茶园中悠然自得地游园，兴致勃勃地采茶，惬意地品茗，陶醉地赏景，尽情地享受着这生态茶园带来的宁静与清新，沉浸在这如诗如画的氛围中，乐而忘返。

图 3-5 初心茶园（图片来源：央广网）

四、高天岩自然保护区

　　江西莲花高天岩省级自然保护区位于江西省萍乡市莲花县高洲乡境内，其地处武功山脉南端，正处于莲花、安福、芦溪三县的交界地带。这片保护区总面积达 4780 公顷，是典型的森林生态系统类型自然保护区，其中中亚热带常绿阔叶林森林生态系统是其重点保护对象。

　　在江西莲花高天岩省级自然保护区内，中亚热带常绿阔叶林森林生态系统宛如一颗珍贵的明珠。这里景点众多，卧牛灵峰仿若一头静卧的神牛，散发着神秘的气息；妙高台恰似仙人的观景之台，充满了奇幻色彩；石仙洞幽深神秘，仿佛藏有无尽的秘密；金蟾拜月栩栩如生，令人称奇；杜鹃林花开似火，绚烂夺目；黄沙生态村宁静祥和，别具韵味。

　　经过详细的调查研究，保护区内已查明高等植物多达 1426 种，脊椎动物有261种。这里保存着大量国家重点保护动植物物种，如被誉为"植物大熊猫"的南方红豆杉、神秘而矫健的云豹、姿态优美的白颈长尾雉、机灵可爱的猕猴、古老而珍贵的穿山甲、凶猛的豺、活泼的水獭、高雅的白鹇等。同时，这里还分布着成片的珍稀植物群落，像南方红豆杉、八角莲、香樟等，它们相互交织，构成了独特的植物景观。此外，保护区内还有众多珍稀古树，其中重阳木已历经800余年风雨，杉木也有500余年历史，银杏亦有200余年岁月，它们宛如历史的见证者，默默诉说着往昔的故事。

高天岩自然保护区的意义非凡，它不仅仅在维持生态系统平衡方面发挥着至关重要的作用，如同生态系统的稳定器，保障着这片土地的生态安全；而且还具有极高的美学价值，这里的每一处景观、每一种动植物，都像是大自然精心创作的艺术品，为人们带来无尽的审美享受。

图3-6 高天岩自然保护区风景（图片来源：莲花旅游局）

五、吉内得国家稻田公园

吉内得国家稻田公园是省级休闲农业领域的示范点，它距离县城30公里，交通便捷，沿着319国道转至环山公路即可直达景区。

江西吉内得实业有限公司独具慧眼，充分利用这片红土地所蕴含的丰富资源，包括独特的地质资源、富含硒元素的水资源以及极具潜力的旅游开发资源，踏上了发展有机种植的创业征程。在这里，他们精心打造出了一幅五彩斑斓的田园画卷：春天，漫山遍野盛开着金灿灿的油菜花，仿佛给大地铺上了一层金色的绒毯；夏天，绿油油的稻田随风摇曳，恰似一片绿色的海洋，洋溢着勃勃生机；秋天，黄澄澄的稻浪此起彼伏，像是金色的波涛在翻滚，尽显丰收的喜悦。这片原生稻田园综合体，承载着大自然的馈赠和人类的智慧。

江西吉内得实业有限公司通过举办一系列丰富多彩的节庆活动，如农耕文化节、油菜花节、新米文化节等，让游客可以欣赏到万亩油菜花竞相绽放的壮丽美景，亲身参与其中，体验稻田田园生活的无穷乐趣。同时，公司通过多元化的内容设计，全力打造完整的农业产业链，致力于实现绿色农业与幸福田园的有机融合。以品牌建设为有力抓手，积极联农助农，推动一、二、三产业深度融合发展，努力建设一个集现代农业、农业文旅、研学教育、休闲康养等多种功能于一体的综合性新农村田园综合体，为乡村振兴注入强大动力。

图 3-7 吉内得国家稻田公园（图片来源：农业农村部）

六、寒山水库

寒山水库，坐落在莲花县荷塘乡双岭村的九曲山。这里山水相依，山环绕着水，水倒映着山，二者相得益彰，构成了一幅如诗如画的山水画卷。寒山水库四周群山连绵环绕，像是忠诚的卫士守护着这片水域。水库的水面清澈可鉴，宛如一面巨大的镜子，在阳光的照耀下，碧波荡漾，熠熠生辉，它无疑是大自然慷慨赠予这片土地的一块风水宝地。

寒山水库的建成意义非凡，它宛如一颗璀璨的明珠，发挥着至关重要的作用。一方面，它有效解决了县城供水量不足的难题，让县城居民的用水需求得到了可靠保障；另一方面，它使水库灌区多达 $3.65×104$ 万亩的耕地灌溉用水有了稳定的来源，极大地助力了荷塘乡农业实现稳产高产，为农业发展筑牢了根基。同时，寒山水库每年发电量可达 $7.35×106 kw·h$，如同一个强大的能量站，有力地缓解了莲花县供电系统的压力，为全县经济社会的稳定、健康、快速发展提供了坚实有力的保障。

尤其在冬季，寒山水库更显迷人魅力。几缕阳光轻柔地洒向湖面，氤氲的雾气轻盈缥缈，如梦似幻地萦绕在绿水青山之间，仿佛给这片天地披上了一层神秘的面纱。微风轻轻拂过，带来丝丝凉意，那清新的空气沁人心脾，令人心旷神怡，沉醉其中，流连忘返。

图 3-8 寒山水库壮丽风光（图片来源：萍乡城事）

七、垭坞农旅

垭坞农旅综合体坐落于六市乡垭坞村，其占地面积达156亩，是一个综合性的生态农旅项目，巧妙地将游客接待、森林漂流、瑜伽康养、摄影基地、精品民宿等多种功能融为一体。

该综合体始终坚持农旅融合的发展理念，不遗余力地加大对果、茶、旅等优势产业的培育与扶持力度。积极推广极具特色的"三四月看花，五六月摘果"生态旅游模式，精心创办了黄桃、梨、油菜、红叶石楠、红豆杉等一系列生态种植基地。在这片土地上，花朵竞相绽放，五彩斑斓，每一处景色都独具韵味，形成了"遍地皆是花，处处不同景"的迷人乡村旅游格局。

同时，垭坞农旅综合体全力加快推动第一、第二、第三产业的"三产融合"进程，积极推进生产、生活、生态的"三生同步"发展，努力实现农业、文化、旅游的"三位一体"目标，如同一位卓越的指挥家，奏响了一曲乡村全面振兴的"田园交响曲"，为乡村发展注入了源源不断的活力，描绘出一幅乡村繁荣发展的美好画卷。

图 3-9 锅底潭景区

（图片来源：微信公众号臻美六市、红色莲花微讯）

第二节 红色文化产品

莲花县是井冈山革命根据地和湘赣苏区的重要组成部分，是秋收起义的策源地、引兵井冈山的决策地。这里红色遗迹众多，其中，可以挖掘感人肺腑的革命事迹、革命人物故事有上百个。

一、把人民的疾苦装在心里
——"将军农民"甘祖昌

图 3-10 甘祖昌将军（图片来源：搜狗百科）

甘祖昌，生于江西省莲花县，是中国人民解放军的开国少将，曾任中国人民解放军新疆军区后勤部部长，他被人们尊称为"将军农民"。

在革命岁月里，甘祖昌先后投身于国内革命战争、抗日战争和解放战争。为了党和人民的伟大事业，他不顾个人安危，出生入死，在枪林弹雨中穿梭，数次身负重伤。他的英勇无畏和忠诚奉献，为他赢得了八一勋章、独立自由勋章、解放勋章等诸多至高无上的荣誉，这些勋章见证了他在革命历程中的卓越功绩。

1957年8月，时任新疆军区后勤部部长的甘祖昌将军做出了一个举世震惊的决定——解甲归田。他毅然率领全家人返回故乡，选择成为一名特殊的"将军农民"。他就像一位从井冈山出山征战四方后又回归山林的行者，心中始终怀揣着对家乡的深情厚谊和对乡亲们的牵挂。在经历了几十年烽火硝烟的洗礼后，他不忘初心，念念不忘的是要让乡亲们过上幸福美好的日子，他满心渴望改变家乡贫困落后的面貌。回到江西莲花县老家后，他放下将军的光环，以一名普通农民的身份，与乡亲们并肩作战，凭借着顽强的意志和不懈的努力，带领大家艰苦奋斗，向着致富之路大步迈进。在整个中国的历史长河中，将军当农民的事例实属罕见，而甘祖昌堪称新中国第一人，他的事迹宛如一座丰碑，永远屹立在人们心中，成为无数人敬仰和学习的楷模。

二、"老阿姨"龚全珍的一生，是写给中华大地最美的情书

"老阿姨"龚全珍，是开国将军甘祖昌的夫人，曾担任江西省萍乡市南陂小学校长这一重要职务。1957年，龚全珍毅然跟随丈夫甘祖昌回到莲花县沿背村，从此，她将自己的全部心血都倾注于山村教育事业之中。

多年以来，她始终如一地捐资助学、扶贫济困，那些山村的学生一直被她深深牵挂在心头。她就像一盏明灯，为农村学子照亮前行的道路，用无私的奉献为他们撑起一片希望的天空。在为学子们默默付出的同时，龚全珍还与丈夫一同劳作于田间地头，积极投身乡村建设。他们夫妻二人，用勤劳的双手和坚定的信念，为乡村发展注入了源源不断的动力。

即便岁月流转，龚全珍步入年老离休之境，她也未曾停下奔忙的脚步，依旧在发挥余热。她积极地向青少年开展革命传统和爱国主义教育，用自己丰富的人生阅历和深刻的思想感悟，为年轻一代指引方向。"老阿姨"以实际行动诠释着自己的信念，她深知行胜于言，她所做出的选择如同璀璨的星光，为年轻人树立了最好的榜样。

她的学识渊博如海，品格高尚如峰，勇气可嘉似剑，担当有力若盾，这些宝贵的精神财富在岁月的长河中薪火相传，深深地

图3-11 龚全珍"老阿姨"（图片来源：文明江西）

影响着一代又一代的人。

"向老阿姨致敬！"2013年9月26日，在会见第四届全国道德模范及提名奖获得者之际，习近平总书记向全国道德模范龚全珍深情致意，这体现出龚全珍事迹所蕴含的伟大价值和深远意义。当她被评为"感动中国2013年度人物"时，颁奖词如此深情地写道："少年时寻见光，青年时遇见爱，暮年到来的时候，你的心依然辽阔。一生追随革命、爱情和信仰，辗转于战场、田野、课堂……人民的敬意，是你一生最美的勋章。"这些话语，生动而精准地描绘出龚全珍波澜壮阔而又充满温情的一生，她就像一座不朽的丰碑，屹立在人们心间。

三、脚蘸鲜血写下"革命成功万岁"
——刘仁堪

图 3-12 刘仁堪烈士（图片来源：廉洁江西）

这是一段气吞山河的悲壮之歌：在经受了严刑拷打之后，敌人竟残忍地割下了他的舌头，那滚烫的鲜血，一滴滴地坠落在刑台之上。然而，他毫不屈服，以脚为笔，蘸着鲜血，写下"革命成功万岁"，一座信念永恒的精神丰碑就此矗立。

2019年5月，习近平总书记在江西考察之际，讲述了这一震撼天地的血色故事。刘仁堪于1895年出生在江西省莲花县。1926年春，受中共党组织委派，他回到莲花县，与当地党组织共同开

图 3-13 刘仁堪烈士（图片来源：廉洁江西）

展反帝爱国宣传和农民运动。1927 年 9 月，秋收起义部队攻克莲花县城，刘仁堪作为向导，引领部队登上井冈山。次年，刘仁堪秘密返回莲花，开展武装斗争，建立红色政权。在革命群众心中，刘仁堪宛如光明的使者；而在反动派眼中，他却是如芒在背的眼中钉、肉中刺。

1929 年 5 月的某一天，因叛徒告密，刘仁堪不幸落入敌人的魔掌。敌人对他软硬兼施、百般折磨，可他始终坚贞不屈。1929 年 5 月 19 日，敌人将他押往县城南门外，在行刑的路上，他因高声揭露反动派的罪恶，被凶残的敌人割去舌头，鲜血直流。但他毅然挺起胸膛，用脚趾蘸着地上流淌的鲜血，写下"革命成功万岁"六个大字，随后英勇就义，年仅 34 岁。

四、星火要燎原——保护莲花一支枪

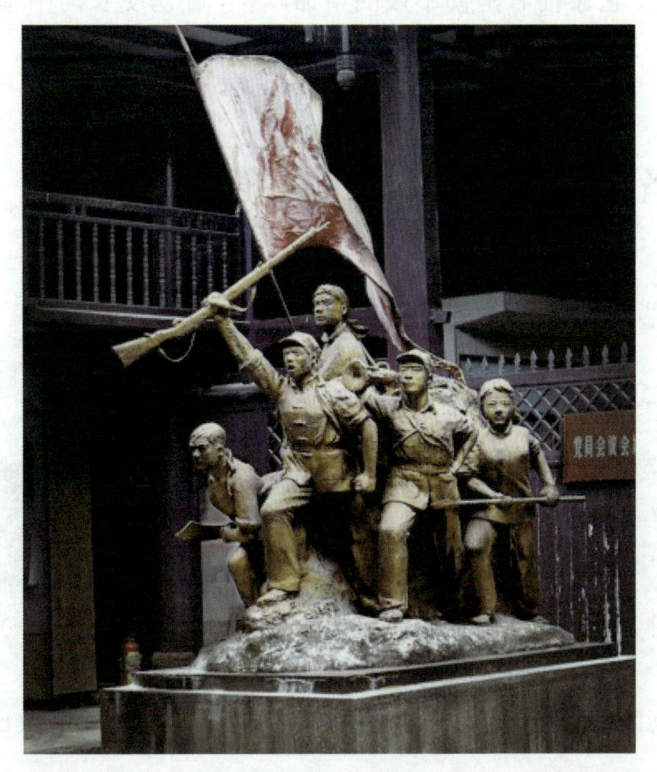

图 3-14 莲花一支枪纪念馆（图片来源：廉洁江西）

1928年初，凭借大革命失败时留存下来的一支枪，中共莲花赤色大队应运而生，就此轰轰烈烈地展开了武装斗争。在那艰难困苦、环境险恶的革命斗争岁月里，这支队伍的武装力量如星星之火，渐成燎原之势，不断发展壮大，从最初仅有的一支枪，逐步发展到人枪共计200之数。不仅如此，他们还持续不断地为红军主力输送人员和武器，为革命事业做出了卓越贡献。毛泽东同志在《井冈山的斗争》一文中，高度赞扬了"莲花一枝枪"所蕴含的伟大革命意义，它象征着坚韧不拔的革命精神，在历史长河中熠熠生辉。

五、坚定不移，高滩不散摊

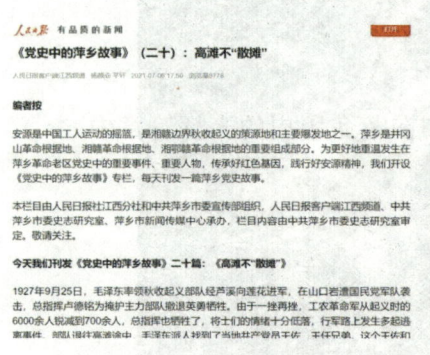

图 3-15 高滩村的红色故事（图片来源：文明萍乡）

"高滩不散摊"，这是毛泽东同志在井冈山时期做出的一次具有重大意义的决策。彼时，毛泽东同志所率领的工农革命军在芦溪一战中遭遇失利，一时间，士气低落如同阴霾笼罩着整个部队，队伍陷入了艰难困窘之境。

在此情形下，毛泽东同志果断召开行军会议。会上，他讲述了越王勾践卧薪尝胆和项羽破釜沉舟的故事，借古喻今，为士兵们注入了一针强心剂，极大地鼓舞了士气。在这次会议中，毛泽东同志着重强调了思想统一的必要性，深刻阐释了党组织和群众

第三章 生态文化产品

支持的关键作用。他指出，虽然当前遭受挫折，但希望之光并未熄灭，建立革命根据地的前景依然清晰可见。他激励大家要勇敢地经受住失败的考验，绝不能被眼前的重重困难所吓倒，因为高滩绝不是散伙的地方。

这个故事生动地彰显了毛泽东同志坚定不移的决心和卓越非凡的领导能力。他以讲述历史故事为引，用振奋人心的话语激发了士兵们内心深处的信心和昂扬的斗志，为后续的战斗筑牢了坚实根基。这一故事也因此成为毛泽东同志领导下的工农革命军在井冈山时期的重要标志之一，铭刻在革命历史的光辉篇章中。

第三节 古色文化产品

　　莲花是古老而充满韵味的，古韵悠悠的莲花，承载着安成王侯的千年沉睡，岁月悠悠，已逾两千载。当我们踏入莲花的老街旧巷，宛如步入一幅诗意盎然的画卷。在这里，可以细细品味如诗如画般的客家绣，那精美的图案与细腻的针法，似在诉说着客家人的勤劳与智慧；可以尽情观赏有着旷世风云故事的花塘官厅，它宛如一位历史的长者，见证了岁月的沧桑变迁；还能亲身感受美妙精绝的打锡技艺，那精湛的工艺，每一个细节都闪耀着民间艺术的光辉；可以寻觅那书香氤氲的复礼气息，仿佛能看到昔日学子们在此诵读经典的身影；也能深深体会字字珠玑的楹联文化，领略其中蕴含的深刻哲理；更能理解莘莘学子对仰山文塔的敬仰之情，那座文塔承载着无数读书人的梦想与追求。莲花的故事，就像一条奔腾不息的河流，从未有过尽头。

一、路口古村落

　　在莲花县路口镇，有一座湖塘村。这里的建筑大多呈现典型的徽式风格，那一栋栋古建筑，恰似穿越时空的使者，从古老的岁月中走来，与现代交汇。路口镇本就是一座典型的历史名镇，而湖塘村更是在历史洪流的反复冲刷与沉淀中，形成了独具魅力、文化底蕴深厚的古村落。值得称赞的是，全村对古建筑群实施了有效的保护措施。其中的渭川公祠始建于清朝道光18年，祠堂内三口天井呈品字形设计，这别具一格的设计象征着高尚的品德。在古民居以及渭川公祠等建筑的墙壁上，红军标语和文革遗迹依然留存，它们是历史的见证者，默默诉说着那些波澜壮阔的过往。在这里，每一栋古民居都像是一部厚重的史书，承载着沉甸甸的历史文化，它们等待着有缘人去翻开、去解读。就如同一颗干瘪的果子，只有放入水中，才会慢慢舒展、变得丰满，恢复其原本的模样。此外，这里还有一种独特的茶——女人茶，按照当地的口音称作"娘花英茶"，女人被称为"娘花英"，这个名字听起来充满了美感。女人茶看似简单，却生动地反映了山里女人的智慧和生活态度。每年正月十五过后，男人们忙于喝春酒之时，女人们便开始一家一家地赶茶会。大家围坐在一起，家长里短，萝卜豆子姜，都成了茶会上的谈资，自有一番别样的滋味。

图 3-16 古村湖塘历史文化陈列馆

（图片来源：莲花发布）

图 3-17 村民茶会笑开颜（图片来源：莲花发布）

二、客家绣

"花随玉指添春色，鸟逐金针长羽毛。"当银针化为灵动之笔，丝线成为缤纷之墨，一幅幅栩栩如生、仿若有生命的刺绣作品便跃然眼前。

莲花客家绣发源于莲花民间，它是在千年民间刺绣文化的深厚土壤中孕育、演变而来，承载着沉甸甸的文化底蕴。其传统针法绣技中，常用的就有二三十种之多。这些针法绣技运用灵活，绣出的作品色彩鲜明，独具魅力。不仅如此，近年来莲花客家绣还推陈出新，创造出摄影绣、打籽泼墨绣和飞白绣等别具一格的刺绣技法，这些创新之举极大地丰富了莲花客家绣的表现形式，使其艺术风格更加多元化，宛如在传统艺术的画卷中增添了浓墨重彩的几笔。

图 3-18 莲花客家绣非遗传承人周品雨在指导学员学习刺绣（图片来源：莲花发布）

图 3-19 "莲花绣娘"刺绣培训（图片来源：莲花发布）

三、花塘官厅

官厅，乃是古代官员卸任归乡后所营建的私家宅邸。花塘官厅，这座意义非凡的建筑，是末代皇帝老师——朱益藩的故居。举目望去，花塘官厅门前那副鎏金的门联，仿若一位无言的史官，鲜明地彰显出厅内文史古迹底蕴的深厚与丰饶。这是一座三进式的古宅，天井设计精巧，阳光洒落其中，它巧妙地融合了北京四合大院的规整大气、江南山水园林的婉约灵秀，以及赣西民居的质朴特色，形成了独具一格的建筑风格。

古宅的建筑风貌宛如一面镜子，映射出主人朱益藩在京城为官期间的见多识广、阅历丰富，也体现了他独特的生活习惯。旧宅的瓦檐装饰别具匠心，半月形的琉璃瓦在阳光的映照下熠熠生辉，其上镶嵌着楷体浮雕而成的"福"字，犹如舌状的突出部分则饰有篆书的"寿"字，周边还环绕着简洁而雅致的花纹。从整座旧宅的外观来看，处处体现着主人对幸福长寿这一美好愿望的虔诚祈愿。

然而，这座官厅并非朱益藩一人之功，而是朱家两代人陆续建造了三栋官厅。但随着时间的推移，朱氏后代陆续迁往他乡，整个官厅无奈只能托人代管。此后，官厅的用途发生了重大变化，它与革命事业结下了不解之缘，成为了当地的列宁学校。据相关记载，朱益藩旧宅堪称留存至今的江南古建筑中的杰出典范。

岁月悠悠，花塘官厅历经数百年的风雨洗礼，这座曾经弥漫着书香气息的老宅，往昔的辉煌虽已被岁月的风雨渐渐冲刷，但那朝南八字而开的门庭，依然散发着当年的气派，仿佛在诉说着昔日的荣光，那一个个雕花的石墩，以其经久耐看的美丽，默默承载着历史的沧桑，向世人讲述着过往的故事。

图 3-20 花塘官厅大门（图片来源：百度江西营销中心）

第三章 生态文化产品

图 3-21 花塘官厅内故居（图片来源：百度江西营销中心）

四、莲花打锡

图 3-22 部分锡制品展示（图片来源：莲花发布）

59

莲花打锡是一种以锡为原料，纯手工制作各类生活及祭祀器皿等的中国民间传统技艺，其主要流传于莲花县路口镇的街头村、路口村和庙贝村。早在2000多年前，莲花就已经出现了锡制品。至清康熙年间，皇上曾颁布旨意，令街头村的锡匠打造锡钱币，这一事件更是为莲花打锡技艺增添了浓墨重彩的一笔。

莲花打锡的工具虽简单，但其工艺却极为讲究。仅仅凭借剪子、矬子、锤子、量尺等这些寻常工具，经过溶锡、画图、裁剪、捶打、锉削、焊接等一系列工序，一件件精美的锡制品便落落大方地呈现在人们眼前。这其中的精妙之处全在手上的功夫，故而有"三分打，七分磨"的说法。莲花锡器上那精细匀称的锡花、弧线优美的造型以及雕刻精美的装饰，堪称民间手工技艺中的一绝，令人赞叹不已。

图 3-23 打锡师傅正在制作锡制品（图片来源：莲花发布）

2014年,"莲花打锡"荣膺国家级非物质文化遗产的称号。作为这一技艺的发源地,路口镇至今仍有50余名锡匠活跃在街头、庙背、路口等村庄,他们坚守着这门古老的手艺,传承着先辈的智慧。近年来,路口镇积极深入挖掘并整合打锡、饮食、古建筑等特色资源,精心整理打锡歌,隆重推出采茶戏,用心布展展示馆等一系列举措。通过这些方式,让更多的人有机会了解打锡等传统技艺,使他们能够深切感知这些技艺背后所蕴含的文化和历史魅力,进而从内心深处喜爱上这些传统技艺。这一系列的行动进一步促使传统技艺焕发出新的活力,如同古老的大树在新时代的阳光下萌发出嫩绿的新芽。

五、复礼书院

位于莲花县闪石乡的复礼书院,是一座历史悠久的古老学府,在明清时期极具影响力,其声名远播江右大地,成为一方人文胜地。复礼书院由明朝著名的理学家、文学家、教育家刘元卿一手创办,始建于明朝隆庆六年(公元1572年)。

可以说,倘若没有刘元卿在科举与仕途上的失意,或许便不会有复礼书院的诞生。当年礼部会试,因当朝宰相张居正的干涉,彻底改变了刘元卿的人生轨迹。既然无法在庙堂之上施展抱负,那就只能于江湖之远另寻他途。对于心怀治国平天下之志的儒者而言，办学无疑是实现理想的最佳路径。就这样，书院成为了民间那些失意士子心目中的巍峨庙堂，而刘元卿在这偏僻的赣西山乡，播下了一颗文明与礼义的种子。泸潇理学宛如一盏明灯，照亮了漫漫黑夜，莲花也因此成为了文化礼义之乡。

　　书院在岁月长河中历经变迁，饱经波折，甚至多次面临毁灭的危机。明万历七年（公元1579年），神宗下诏毁天下书院，复礼书院巧妙应对，更名为五谷神祠，暗中继续办学。待风波平息后，便又恢复了复礼书院之名。民国之后，书院逐渐演变为新式教育学堂，最初为东区高等国民学堂，1945年，科学家李鸣冈在此创建私立复礼中学。1949年之后，这里先后更名为复礼小学、复礼初级中学、湖上中学、莲花县第三中学、复礼中学等。

　　直至20世纪七十年代，书院的主建筑虽历经风雨侵蚀、岁月流转，却依然屹立不倒，宛如一位忠实的历史守护者，默默地诉说着千年的沧桑故事。它不仅仅是砖石与木料的简单组合，更是文化与精神传承的重要象征。在时光的洪流中，它就像一颗璀璨夺目的明珠，即便饱经沧桑，却依然闪耀着迷人的光华。

　　然而，进入20世纪八十年代，书院建筑逐渐消失，1989年主建筑被拆除，书院被学校新建筑完全替代。不过，其作为办学场所的性质一直未曾改变。受刘元卿的深远影响，当地乡民至今都极为重视礼义。复礼中学更是人才辈出，民国教育家李鹿仙、沙漠学家李鸣冈、被央视报道过的给地球做"彩超"的地球物理学家李向阳以及书画家蔡正雅先生等，这些杰出人才都为古老的复礼书院增添了绚丽多彩的人文光辉。

图 3-24 复礼书院明德堂原貌（图片来源：莲花发布）

图 3-25 复礼书院创办人刘元卿塑像

（图片来源：莲花发布）

六、楹联文化

"楚尾吴头文明有史几千载，锦标联艺三板古鳌第一乡。"这副由中国楹联学会赠送的楹联，是对2011年荣膺"中国楹联文化之乡"的三板桥乡的精妙概括、深刻点评与由衷赞美，同时也是一种激励，鼓舞着这片土地上的人们继续传承和弘扬楹联文化。

三板桥乡地处江西省萍乡版图的最南端，位于"五百里井冈"的最北端，是湘赣两省三县的交界之地，真可谓是"一桥三板控湘赣，半街两省分楚吴"。这里有着独特的地域风貌，"鸡鸣听两省，犬吠传三乡"，描绘出一种别样的乡村生活画卷。此地乡民自古便有耕读传家的优良习俗，在历史的长河中，涌现出了众多杰出代表，如元朝的翰林学士李祁、诗派领袖李东阳、明代进士江玉琳、邹袭以及清朝诗人江庭甲，他们宛如璀璨星辰，照亮了这片文化厚土。

在如此浓厚的文化氛围熏陶下，乡民们养成了"有闲常同书做伴，无事且与联结缘"的生活习惯，使得楹联这一古老的文化艺术在三板桥乡得以传承并发扬光大。2005年，莲花县诗联协会三板桥分会应运而生，为楹联文化的发展搭建了一个坚实的平台。2006年，诗联报《求索》季刊创办，为楹联爱好者提供了展示作品和交流心得的园地。2007年，全省第一个楹联教育基地——清水中学楹联教育基地成功创办。这个教育基地成绩斐然，先后被表彰为"全国楹联先进学校""萍乡市优秀诗教基地""全国优秀楹联教育基地"等。不仅如此，基地还自主研发了《乐学楹联》教材，精心创设了《清水联花》校报，并成功申报两个省级楹联课题且圆满结题。据不完全统计，自2006年以来，会员作品入选全国、省、市、县诗联刊物多达五万多副，在全国、省、市、县各级诗联比赛中获奖人次达二千多次，这些成绩见证了三板桥乡楹联文化的蓬勃发展。

民间文化的生命力在于传承，更在于发展。三板桥乡通过送楹联进村、进校园、进企业、进机关等丰富多样的形式，让楹联文化深深植根于这片沃土，如同百花盛开，异彩缤纷，绽放出绚烂的光彩，为乡村文化振兴注入了源源不断的活力。

图 3-26 三板桥乡口（图片来源：莲花发布）

点绿成金——生态产品价值实现的莲花探索

图 3-27 《乐学楹联》教材

（图片来源：莲花发布）

图 3-28 《清水莲花》校报

（图片来源：莲花发布）

七、仰山文塔

"文人走笔安天下，武士上马定乾坤。"仰山文塔，静卧于莲花县路口镇路口村，它始建于明万历13年（1585年），后于清康熙44年（1705年）重建，至今已有439年的漫长历史。这座古老的文塔，承载着岁月的沧桑，见证了时代的变迁。1984年，它被列为县级保护文物，2006年又被省文化厅列为省级保护文物，其珍贵价值不言而喻。

仰山文塔高22.4米，底围16.8米，厚度达1.4米，呈七层八面之态。其为砖木结构，采用油灰砌制，是典型的密檐楼厅式建筑。底层有一门朝向西南，门上镶嵌着一块石碑，碑上镌刻着"仰山文塔"四个大字，苍劲有力，仿佛在诉说着它的历史使命。二层同向亦嵌有文塔赞词之碑刻，然而岁月无情，大部分文字已被风化，字迹变得模糊不清，不过碑文中"解元会元状元而斑斑炳炳，乡魁会魁文魁而磊磊连连"等字样仍依稀可辨，从中依然能感受到当年对文运昌盛的美好期许。

据传说，刘氏先祖从仕淑公徙居路溪之后，对培养后代读书一事极为重视。他们在庙背兴建登龙阁，在园下建造文昌阁，并专门聘请返乡的秀才担任导师，指导子弟研读科举考试的必读书籍，如《四书》《中庸》《论语》等。然而，尽管众弟子勤奋好学、饱读诗书、满腹经纶、学富五车，却在科举考试中屡试不中，始终榜上无名。族人对此疑惑不解，只能无奈地摇头叹息。一日，一位衣衫褴褛的跛足和尚，手握着一把破棕叶伞，一摇一摆、一瘸一拐地来到路溪化缘。他看见村中的山形水势后，先是抚掌一笑，继而又号啕大哭，随后竟不化缘，转身便走，口中念念有词："蓬转萍飘，仰山文风，余绪断矣！"族中诸位长老见此情形，觉得话中有因，大为惊骇，赶忙拦住这位"济公"般的和尚去路，叩问解救之法。和尚说道："此事极易，巽位文泛，建塔七级，永镇祖风。"族中诸老闻言，当即匍匐在地，连连叩谢。待他们抬头再看时，和尚却已不见踪影，众人都认为这是神仙点化。于是，他们召集嗣孙商议集资建塔之事。这座塔寓意着迁移过来的刘氏后人要铭记先祖，传承先祖仰山之文脉，故而建此砖塔以为纪念，并取名为"仰山文塔"。又因塔高耸入云，仿若直插云霄，所以也被称作"凌云塔"。此外，仰山刘沆的后裔在明洪武年间还在三门前兴建"后隆堂"，寄望刘氏后代子孙兴旺发达、人才辈出。

仰山文塔，对于当地的莘莘学子而言，它宛如知识海洋中一座明亮的灯塔，在求知的漫漫航程中，始终坚定不移地指引着方向，它更是学子们心中那份对知识热爱与追求的神圣象征。对于远方的游子来说，它就像是一份难以割舍的情感纽带，承载着对家乡深深的眷恋和无尽的乡愁。每当夜幕降临，塔尖那闪烁的灯光，恰似一颗璀璨的明星，不仅照亮了游子们的心灵，更温暖了他们对家乡那魂牵梦绕的思念之情。

第三章 生态文化产品

图 3-29 仰山文塔全貌（图片来源：路口之窗）

图 3-30 仰山文塔碑文（图片来源：路口之窗）

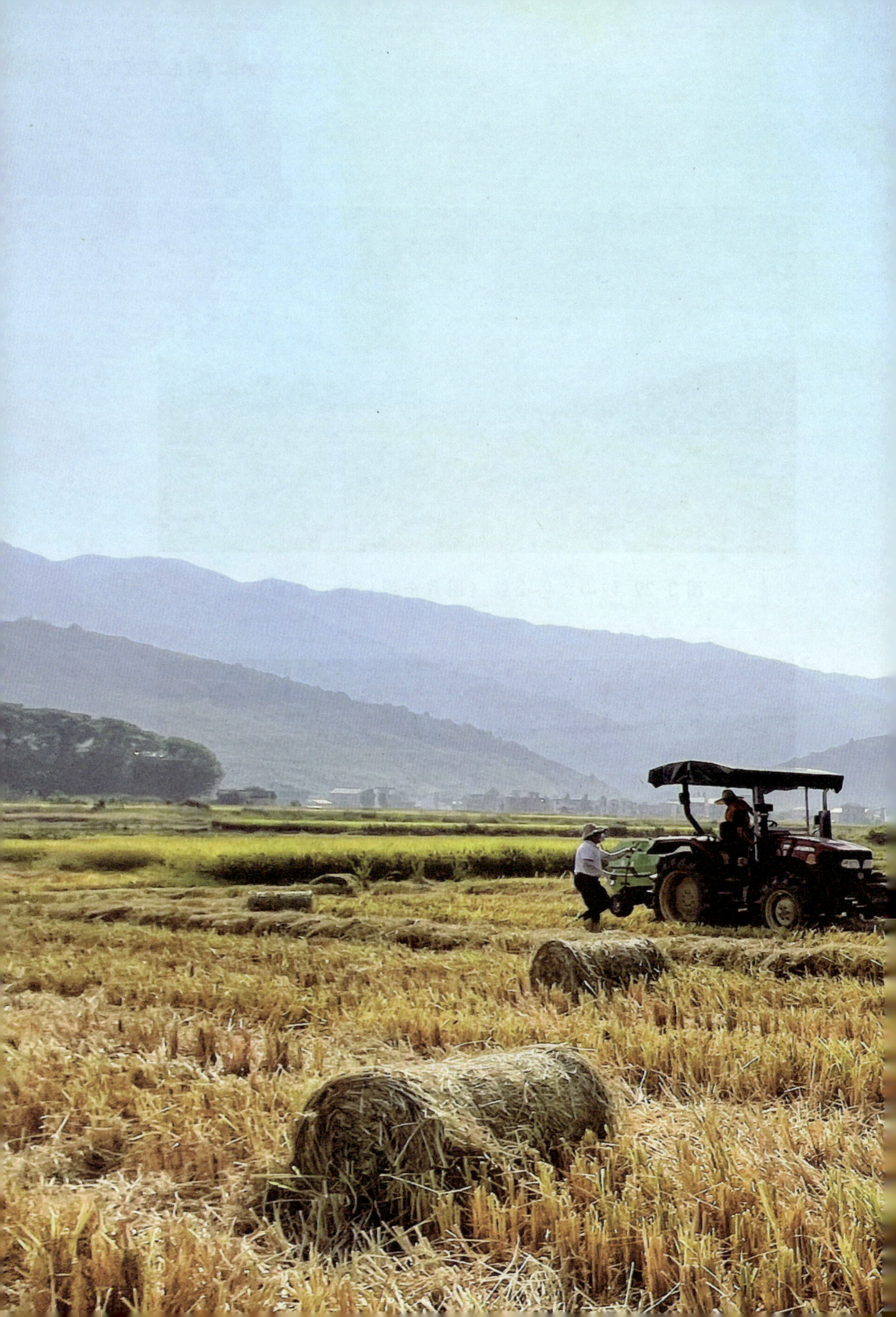

第四章

生态特色农产品

莲花县生态环境格外优美，农业优势亦是极为显著，长久以来便流传着"七分半山一分半田，一分水面和庄园"的形象说法。而那以莲花血鸭为代表的特色农产品，更是凭借其独特风味与优良品质享誉大江南北、四方八面。

近些年来，莲花县始终坚定不移地将产业发展视作农业农村工作的核心关键所在，秉持工业化理念，全力以赴地推动农业产业化进程。以"粮头食尾、农头工尾"为重要着力点，持续巩固并拓展脱贫攻坚所取得的丰硕成果，积极促使农业产业朝着生态化、特色化、规模化以及品牌化的方向蓬勃发展。通过不懈努力，莲花县精心打造并创优了众多生态产品特色品牌，成功创建了国家有机食品生产基地建设示范县、全国绿色食品原料（水稻、油菜）标准化生产基地、国家农产品质量安全县以及全省富硒功能重点农业县等诸多荣誉称号，并且入选了2023年部省共建江西绿色有机农产品基地试点省"县级先行标杆"，在富硒农业和绿色有机农业领域大力耕耘，收获满满，获评江西省一类富硒功能重点农业县。

在众多优质农产品中，"吉内得大米"凭借卓越品质荣获生态原产地产品证书，胜龙牛业更是脱颖而出，入选"江西省十大新锐消费品牌"，还接连斩获国家级农业产业化重点龙头企业、国家现代农业全产业链标准化示范基地等多项含金量极高的荣誉。尤为值得一提的是，莲花白鹅成功注册国家地理标志证明商标，一举实现了莲花县在该领域零的突破，意义非凡。此外，莲花晶沙柚、莲花山茶油、莲花白鹅等11个农产品成功入选2023年全国名特优新农产品名录，其入选数量在全省各县区中位列榜首。

  这一系列行动，有力地推动了全县乡村产业朝着高质量方向大步迈进，为生态产品价值的充分实现以及乡村振兴事业注入了源源不断且强劲十足的发展动能。

图4-1 莲花县生态农产品丰富（图片来源：央广网）

第一节 莲花血鸭

当人们提及"莲花"二字时,脑海中率先浮现的,大概率是周敦颐笔下《爱莲说》里那"出淤泥而不染"的高洁形象,又或是杨万里诗中"接天莲叶无穷碧,映日荷花别样红"所描绘的壮丽美景。这些流传千古的诗句,哪怕历经岁月的漫长洗礼,每一次细细品读,都仿佛能让人透过文字,真切地感受到莲花所蕴含的那种超凡脱俗的高洁品性与动人心魄的美丽姿态。

然而,我们今日所谈论的"莲花",可不仅仅只是供人观赏、带来视觉享受的自然之美,它更是化作了一道道令人垂涎欲滴的舌尖上的佳肴美食。莲花县当地的米酒、茶油、辣椒以及麻鸭等食材,巧妙地与鸭血碰撞、融合,经过独具匠心的特殊处理后,成为了一道别具风味的特产美食——莲花血鸭。在莲花县这片土地上,几乎每一家餐馆、每一处饭店,都会将这道名菜摆上餐桌,供食客品尝。民间甚至流传着这样一句谚语:"途经莲花不尝鸭,简直让人笑掉牙。"由此可见这道菜在当地人心目中的重要地位。

莲花血鸭,隶属赣菜系萍乡菜这一独特分支,是江西省萍乡市莲花县极具代表性的一道特色名菜。凭借着"色美味香、鲜嫩可口"的卓越特质,莲花血鸭成功跻身"十大赣菜"之列,成为赣菜中的璀璨明珠。

回溯过往,莲花血鸭在传承与发展的道路上留下了诸多闪耀的足迹。早在2009年,它就成功申报省级非物质文化遗产,让这一传统美食承载的文化底蕴得到了官方认可与有力保护。2018年9月,它又凭借独特的风味和深厚的文化内涵,被评为"中国菜"之江西十大经典名菜,进一步提升了在全国美食领域的知名度。2021年2月1日,江西省商务厅正式发布赣菜"十大名菜""十大名小吃"名单,莲花血鸭再度凭借自身魅力榜上有名,巩固了其在赣菜体系中的重要地位。而到了2023年,"莲花血鸭赣菜非遗"高铁冠名列车和游轮正式开通,并且成功登入南昌地铁一号线、二号线、三号线,使得这道传统名菜搭乘上现代化的传播载体,走向更广阔的天地,让更多的人知晓并喜爱上它。

图4-2 莲花血鸭(图片来源:搜狐网)

第二节 胜龙鲜牛肉

莲花县坐拥得天独厚的林草地资源，农作物品类繁多，秸秆资源也极为丰富，诸多优势汇聚一处，为肉牛产业的蓬勃发展构筑了极为优越的条件，堪称发展肉牛产业的天然绝佳产地。

江西胜龙牛业有限公司所打造的胜龙肉牛，无疑是其标志性的拳头产品。胜龙家的肉牛，养殖过程极为考究，采用科学的分阶段散养模式，充足的运动量使得肉牛们的肉质紧实而富有弹性。它们悠然生长在罗霄山脉的山脚下，每日所饮用的皆是源自山间的纯净山泉水，水质天然健康，未受丝毫污染，为肉质的优良奠定了坚实基础。

为了雕琢出胜龙牛肉那令人回味无穷的绝佳口感，这些肉牛所食用的牧草皆是企业自主种植的有机牧草，并且连续四年成功斩获有机产品认证书，品质保障令人赞叹。不仅如此，养殖场还别出心裁地为肉牛们安排了每日听音乐和接受按摩的环节，这般悉心照料之下，产出的胜龙鲜牛肉更是别具风味，口感Q弹，令人唇齿留香。

江西胜龙牛业集团有限公司于2016年5月在江西省萍乡市莲花县落地生根，它宛如肉牛产业领域的一艘巨轮，汇聚了良种繁育、牧草种植、饲料生产、肉牛养殖、有机肥生产、屠宰分割、牛肉深加工、冷链物流、专卖连锁、品牌运营等诸多业务板块，构建起了一条高标准化的肉牛全产业链，已然成为华南地区生鲜牛肉行业当之无愧的领先品牌。在2023年，该公司凭借卓越的综合实力与突出贡献，一举荣获农业产业化国家重点龙头企业、农业高质量发展标准化示范基地以及2023年畜禽养殖标准化示范场等多项殊荣，在行业内熠熠生辉，备受瞩目。

图 4-3 胜龙牛业（图片来源：莲花发布）

第三节 吉内得大米

"吉内得"这一颇具影响力的富硒大米品牌，乃是由江西吉内得实业有限公司精心创立而成。"吉内得"之名蕴含着深刻且美好的寓意，即"吉祥天宝·内在品质·德而有得"，短短三个字，承载着品牌对品质的坚守以及对消费者的美好期许。

"吉内得"大米精准锚定中高端市场，将目标群体聚焦于那些秉持健康理念的消费者身上。在大米的加工与存储环节，它采用了当下最为先进的储藏及保鲜技术，可谓用心至极。为了让稻米的口感达到最佳状态，其在晾晒环节精益求精，会精确地将稻米自然晾晒至含水率处于15%至16%这一理想区间，如此一来，便能有效保护每粒稻谷的胚芽活性。而且，所有的稻谷都会带着稻壳，在低温且恒温的环境下进行贮藏，通过这种方式，最大限度地确保了稻米能够始终保持新鲜和美味的绝佳品质。

不仅如此，"吉内得"大米在出厂时，产品包装也极为考究，采用充氮或者真空保鲜包装的方式，凭借这样的包装手段，最大程度地杜绝了那些可能致使大米陈化的不利因素，同时也有效降低了大米营养物质的流失，让每一位消费者都能品尝到新鲜且营养丰富的大米。

"吉内得"大米的生产基地有着得天独厚的自然条件，那里的土壤、空气以及泉水中富含天然的硒、锌等有益元素，这些元素伴随着稻谷的生长过程，悄然融入到每一粒稻米之中，赋予了"吉内得"大米独特的韵味。其煮出的米饭油亮光滑，散发出来的香味能够飘散至很远的地方，并且散香时间颇为长久，仅是闻着那诱人的香气就让人垂涎欲滴，吃起来更是唇齿留香，这种独特的风味特别契合国人的食用口味，真正实现了美味与营养的完美融合。也正因如此，"吉内得"大米凭借其卓越的高品质，赢得了广大消费者由衷的认可与深深的喜爱。

图 4-4 吉内得大米

（图片来源：微信公众号"吉米一亩良田"）

江西吉内得实业有限公司在农业领域堪称佼佼者，它既是江西省农业林业的双龙头企业，又是中国安全有机米行业中当之无愧的领军农业品牌企业，凭借雄厚的实力与卓越的品质，于2024年顺利通过了农业产业化国家重点龙头企业的认定，这无疑是对其行业地位与专业能力的又一次有力肯定。

该公司精心打造了一片规模颇为可观的核心种植基地，其占地面积达1.1万多亩。在这片广袤的土地上，有8700多亩的种植区域达到了中国绿色食品标准，彰显出严格的品质把控与规范的种植管理；更有1000多亩的土地已经成功获得国家有机证书。

吉内得天然富硒米更是凭借自身独特的优势与卓越的品质，在众多大米品牌中脱颖而出，斩获了"中国最受欢迎的十大优质大米品牌"以及江西绿色特色区域大米品牌等多项含金量十足的荣誉。不仅如此，它还成功取得了香港有机认证证书，凭借这份权威认证，吉内得天然富硒米顺利成为供港产品，踏上了更广阔的市场舞台，也进一步提升了品牌的影响力和美誉度。

吉内得富硒大米凭借其独特的风味与优良的品质，被纳入了2022年第二批全国名特优新农产品名录之中，这是对其产品特色与质量的高度认可。而吉内得大米品牌在2024年又迎来了新的发展里程碑，成功通过了江西省老字号认定，这一殊荣见证了品牌深厚的历史底蕴与长久以来的市场口碑。同年，吉内得实业有限公司更是凭借强大的品牌影响力，受邀参加上海中国品牌日活动，

第四章 生态特色农产品

在这场汇聚众多知名品牌的盛会中，展示出吉内得品牌独有的魅力与风采，也为其未来的高质量发展注入了新的活力与动力。

第四节 莲花白鹅

莲花白鹅产于莲花县，是优良的肉用型品种，具有600多年养殖历史。莲花白鹅全身白色羽毛，喙与蹼呈现出清新的橘黄色，眼睑和皮肤则是淡淡的黄色，别具一番韵味。它的头部偏大，呈纺锤形状，修长的脖颈优雅地伸展着，而那扁宽的喙更是其显著特征之一，在喙后基部的上方，长有一个半球形的橘黄色肉瘤，颇为醒目，为它增添了几分独特的气质。再看它的体躯，宽阔且呈长椭圆形，尾巴短小而精致，整体形态十分匀称优美。

当莲花白鹅经过炖煮之后，其独特的魅力更是展现得淋漓尽致。那肉质鲜嫩松软，入口即化的美妙口感令人回味无穷，而炖煮出的肉汤亦是清澈透亮，散发着浓郁且鲜美的味道，品质堪称上乘，着实让人赞不绝口。

莲花白鹅之所以能拥有如此优良的品质，离不开它得天独厚的生长环境。其产地水域辽阔无垠，水资源极为丰富，水源皆来自武功山的天然山泉水，水质纯净，清冽甘甜，为鹅群提供了绝佳的饮水条件。与此同时，这片水域中水草繁茂，浮游生物种类繁多，还盛产泥鳅、小鱼、小虾等动物性饲料，仿佛是大自然为莲花白鹅等家禽精心打造的天然"粮仓"，为它们的生长提供了充足且优质的食物来源。再加上当地适宜的气候条件，温润宜人，四季分明，宛如一层温暖的"襁褓"，呵护着莲花白鹅茁壮成长。正是这适宜的气候、良好的水质以及丰富的食物，多方因素相互交织、共同作用，有力地保证了莲花白鹅品质优良、营养丰富，成为备受人们青睐的家禽品种。

如今，莲花白鹅在莲花县的养殖规模颇为可观，全县范围内拥有60多个养殖场，并且还组建了4个专业合作社。

当下，莲花白鹅已然发展成为莲花县颇具规模的特色产业。每

图4-5 莲花白鹅（图片来源：中国羽绒信息网）

年，大约有50万羽莲花白鹅出笼走向市场，其养殖面积更是达到了1000余亩之广，凭借着可观的养殖规模，创造出了近2250万元的年产值，为当地的经济发展注入了强劲动力。

不仅如此，经过深加工后的莲花白鹅产品更是展现出了强大的

市场竞争力，无论是鹅肉制品，还是羽绒产品，都凭借着上乘的品质畅销于国内外市场，深受广大消费者的喜爱，在创造经济效益方面成绩斐然，为当地带来了颇为可观的经济价值。

回溯过往，莲花县羽绒加工厂所生产的产品在历史上就有着辉煌的销售业绩。早在20世纪80年代末至90年代初，其生产的羽绒制品就已经远销俄罗斯等世界诸多国家和地区，在国际市场上崭露头角，赢得了良好的口碑。而莲花白鹅宴，作为极具地方特色的美食盛宴，更是凭借着独特的风味和精湛的烹饪技艺声名远扬。这一盛宴包含了鲜辣鹅掌、贵妃鹅翅、五香鹅胗、酱味鹅块、腊味鹅肉、卤味鹅肝、风味鹅腿、玉带鹅肠、高升鹅脖、卤味嫩鹅、香甜鹅海这十菜一汤，菜品丰富多样，各具特色。在1992年初举办的全国广交会上，莲花白鹅宴凭借其独特魅力脱颖而出，一举斩获优秀产品奖，此后其相关产品更是热销至全国各地，成为人们餐桌上的美味佳肴，也让莲花白鹅的知名度得到了极大提升。

在品牌建设与保护方面，莲花白鹅也取得了令人瞩目的成就。于2022年，莲花白鹅成功注册国家地理标志证明商标，这一标志性成果不仅是对莲花白鹅独特地域属性和优良品质的权威认证，更是为其品牌发展筑牢了坚实根基。而在2023年，莲花白鹅凭借自身的品牌影响力和产品优势，在中部四省地理标志品牌培育创新大赛中荣获优秀奖。

图 4-6 白鹅产品富硒认证书（图片来源：莲花发布）

图 4-7 白鹅品牌（图片来源：莲花发布）

第五节 莲花山茶油

油茶产业在莲花县可谓源远流长，且极具地方特色，已然成为了当地一张亮眼的产业名片。莲花县位列全国100个油茶重点县之中，在油茶领域有着举足轻重的地位。

莲花山茶油，所选用的品种主要为"长林3""长林4""长林18""长林40"，以及"长林53"等优良品种，它们共同撑起了莲花山茶油的品质根基。目前，莲花山茶油的生产规模达到了1000公顷之广，每年产出的商品量可达281吨，展现出了颇为可观的产业规模。

再看莲花山茶油的品质特点，其色泽呈现出淡雅的淡黄色，澄澈透明，宛如澄澈的琥珀一般，散发着固有且独特的香气，品尝起来滋味醇厚，口感极佳，让人回味无穷，深受消费者的青睐。

而这优良品质的背后，得益于莲花山茶油得天独厚的产地环境。从整体地貌来看，此地主要由山地、丘陵、岗地、河谷平原以及山间盆地等多种地形相互交织而成，形成了丰富多样且独特的自然生态格局。这里的土壤堪称大自然的馈赠，富含有机质、氨基酸、矿质元素以及各类微量元素，尤其富含锌、硒等对人体有益的元素，可谓营养物质十分丰富，为油茶的生长提供了肥沃且优质的土壤条件。

水源方面，此地的水源为纯净的天然山泉水，清澈甘甜，且莲江宛如一条蜿蜒的玉带，横穿全县而过，造就了广阔的水域，使得水资源极为丰富。再加上莲花县所处的地理位置得天独厚，气候条件也十分宜人，四季分明，光照充足，降水适中，这诸多优势条件相互配合、相得益彰，仿佛是大自然精心为油茶打造的"生长乐园"，极其适宜油茶的种植与生长，有力地保证了所产山茶油能够具备优良的品质，在市场上独树一帜。

图 4-8 莲花油茶

（图片来源：微信公众号"江西农业农村"）

第六节 莲产品

莲花莲子，这一承载着厚重历史底蕴的特色物产，自唐宋时期起，便在岁月的长河中留下了深深的印记，迄今已然走过了1000多年的漫长时光。

在莲子的加工处理上，秉持着传统且严谨的工艺，坚决杜绝硫熏这一有害方式，而是采用纯手工精心取芯，细致地剔除那些品质不佳的莲子，以此确保每一颗莲子都能达到上乘品质。经过这般用心对待，莲花莲子具备了诸多令人称赞的特质，久煮也不会散开，干燥程度颇高，颗粒更是饱满圆润，入口品尝时，软糯的口感瞬间在舌尖散开，给人带来美妙的味觉享受。

莲花莲子的栽种区域位于江西省莲花县境内，这里的整体地貌呈现出丰富多样的特点，主要由山地、丘陵、岗地、河谷平原以及山间盆地相互交织组成，四周被山岭环绕，仿若一处世外桃源。得益于这般独特的地理环境，此地物种丰富多样，森林覆盖率高达73.78%，营造出了极为良好的生态环境。从气候条件来看，这里属于亚热带季风气候，气候温和宜人，光照十分充足，雨量充沛且四季分明，为莲子的生长提供了得天独厚的自然条件。同时，这里的土壤也蕴含着大自然的馈赠，富含有机质、氨基酸、矿质元素以及各类微量元素，尤其富含对人体大有裨益的锌、硒元素，可谓营养物质相当丰富，为莲花莲子的茁壮成长筑牢了坚实的基础。

莲花县敏锐地察觉到自身地理优势所蕴含的巨大发展潜力，紧紧依托这一优势，大力推动莲产业蓬勃发展。通过巧妙地将农业与旅游深度融合，不断拉长产业链条，让莲产业不再局限于传统的种植与简单加工，而是延伸至旅游体验、文化展示等多个领域，从而有效激发了产业的活力。在持续的探索实践过程中，莲花县成功实现了一、二、三产业的融合循环发展，精心绘就出莲子产业发展的崭新画卷，让这一古老产业在新时代焕发出全新的光彩，展现出无限的生机与活力。

图 4-9 莲子采摘（图片来源：视觉江西）

近年来，莲花县的莲子种植规模呈现出不断扩大的良好态势，在此基础上，当地乘势而上，大力推进莲产品的加工产业发展。莲花县所产出的莲产品，早已不局限于我们日常生活中颇为熟知的莲子了，为了进一步拓展莲产业的发展空间，满足市场多样化的需求，当地的相关企业和科研人员积极投入研发力量，精心打造出了荷叶茶、莲芯茶等诸多令人眼前一亮的新产品，让莲产业的产品矩阵愈发丰富多元，展现出了蓬勃的发展活力。

莲子　　　　　　莲芯茶　　　　　　荷叶茶

图 4-10 莲产品

（图片来源：中华人民共和国民政部网站）

第七节 莲花老酒

莲花老酒，这一佳酿源自本地区的莲花县，承载着浓厚的地域文化韵味。其酿造原料选取的是品质上乘的糯米，而后遵循传统工艺，秉持着精益求精的匠人精神精心酿制。在完成酿制工序后，还需将其置于常温环境下悉心贮藏2至3年之久，历经时光的沉淀与打磨，方能成就这一独具风味的美酒。

莲花老酒有着诸多令人称道的特点。观其色泽，呈现出深沉而典雅的暗红色，宛如岁月沉淀的一抹瑰丽色彩；细品其酒质，纯净澄澈，毫无杂质，尽显上乘品质。轻嗅之下，那蜜香清新雅致，萦绕鼻尖，令人沉醉不已。待入口品尝时，口感柔绵细腻，爽甜滋味瞬间在舌尖散开，回味起来更是怡畅悠长，让人回味无穷。而且，此酒营养丰富，在诸多美酒之中独具韵味，足以与江西九江封缸酒相媲美，实乃招待贵客的上佳之选。

不仅如此，常饮莲花老酒，还对身体有着诸多益处，具有滋润肤色、舒筋活络的功效，可谓是集美味与养生功能于一身。

莲花老酒有着悠远的历史传承，背后还藏着一段佳话。清朝末代皇帝爱新觉罗·溥仪的帝师兼御医、著名书法家朱益藩本就是莲花县人，他每次回乡省亲之后，都会带上家中窖藏多年的糯米老酒返回宫中。这些老酒在宫中被用来供奉皇上，或是用于宴请王公大臣。那清香醇厚的独特风味，哪怕是那些早已尝遍海内外各类佳酿琼浆的名人贤士，一经品尝，也都纷纷陶醉其中，对其赞不绝口。也正因如此，莲花老酒声名远扬，在四方八面都享有极高的声誉，成为人们口中的美酒佳酿。

"莲花老酒"可谓是价廉物美，性价比极高。目前，该酒的年生产量可达15万余公斤，凭借着自身的独特魅力，产品远销南昌、湖南等地。许多初次品尝此酒的人，在领略到它的美妙滋味后，都会被深深吸引，想要再次品尝的欲望也愈发强烈，足见其魅力非凡。

图 4-11 莲花老酒
（图片来源：莲花在线）

第八节 晶沙柚

晶沙柚，无疑是柚子家族中的一颗璀璨明珠，堪称"柚子中的骄子"。它诞生于莲花县的瑞和农场，凝聚着农场工作人员长达30年的心血与智慧，历经精心选育与改良，方才呈现在世人眼前。

晶沙柚作为全天然的有机水果，有着别具一格的独特品质。每个柚子大约重1千克左右，大小均匀，拿在手中，分量感十足。当你切开一个晶沙柚，便能看到那饱满多汁的果肉，水分极为充盈，一口咬下去，先是感受到果肉的脆嫩，随后那细腻的口感瞬间在舌尖散开，几乎毫无残渣，化渣效果极佳。而且，它的甜度把控得恰到好处，丝毫没有酸涩之感，整体口感十分美妙，让人回味无穷。

除了绝佳的口感之外，晶沙柚还富含多种对人体有益的营养成分，像是各类维生素、有机酸以及丰富的矿物质元素等，这些营养物质赋予了它诸多养生功效，具有润喉、化痰、清热、消食等作用，可谓是美味与健康兼得的优质水果。

凭借着卓越的品质，晶沙柚在各类展销会中脱颖而出，大放异彩。在2017年举办的江西省绿色农产品上海展销会上，晶沙柚凭借自身的独特魅力，一举荣获金奖，赢得了众多消费者的青睐与认可，市场影响力也随之不断扩大。如今，晶沙柚正凭借自身的优势，远销北京、上海、广州等诸多城市，让更多的人品尝到了这份来自莲花县的独特美味。

莲花晶沙柚凭借自身的优良品质与独特优势，于2023年成功入选第二批全国名特优新农产品名录。

图4-12 升坊江口村晶沙柚基地（图片来源：莲花在线）

第九节 莲花茶叶

莲花县，山峦连绵起伏，地势错落有致，海拔颇高，因而常常云雾缭绕，如梦如幻。这里的土地肥沃丰饶，仿佛大自然精心孕育生命的温床，充沛的雨量如同甘霖般润泽大地，滋养万物，繁茂的林木郁郁葱葱，铺展成一片生机勃勃的绿色海洋。由于当地昼夜温差较大，独特的自然条件相互交织、相得益彰，共同构筑起了一处出产优质名茶的绝佳生态环境，仿佛是大自然专为茶树生长量身打造的"天然茶场"。

"海潭翡翠"绿茶，作为一款声名远扬的高档手工名茶，无疑是这片神奇土地孕育出的瑰宝，其品质堪称上乘，向来享有"高山云雾茶"的美誉。它属于无公害的天然有机茶，契合当下国际饮品所倡导的健康、天然的潮流趋势，更是高山云雾茶品类中的精品之作，备受茶界内外的瞩目与推崇。

回溯过往，在2000年时，"海潭翡翠"绿茶凭借自身卓越的品质，在激烈的竞争中脱颖而出，一举斩获"国际名茶"金奖，这一殊荣无疑是对其品质的高度认可，也让它在世界名茶的舞台上绽放出耀眼的光彩。

再看其外观与口感，"海潭翡翠"的条索紧细圆直，白毫浓密显露，香气馥郁清纯，滋味醇厚鲜爽，汤色滢绿似翡翠，叶底浅绿匀净。

图 4-13 海潭翡翠绿茶（图片来源：都市通）

图 4-14 甘红初心茶产业园（图片来源：央广网）

第十节 蜜梨

图 4-15 蜜梨（图片来源：微信公众号"仙人宫"）

在莲花县这片充满生机与韵味的土地上，栽种蜜梨的传统由来已久。这里仿佛受到大自然格外的眷顾，充足的阳光慷慨地倾洒而下，赋予蜜梨满满的能量；丰沛的雨水如同甘霖，润泽着每一寸土地，为蜜梨的生长提供了充足的水分滋养。而那颇为悬殊的昼夜温差，更是如同神奇的画笔，绘就出蜜梨独特的风味与品质。在这般得天独厚的自然条件孕育下，莲花县的蜜梨个个长得个头硕大、形态优美，宛如一件件精美的艺术品，颜值颇高，光看着便让人赏心悦目，品尝起来更是口味绝佳，叫人赞不绝口。

这里的蜜梨，可不单单是味美多汁这般简单，其滋味甜中带酸，酸甜交织的口感恰到好处，仿佛一场味蕾上的美妙舞蹈，每一口都能让人回味无穷。同时，它还蕴含着丰富的营养成分，多种维生素以及纤维素尽在其中，为人们的健康助力。不同种类的蜜梨各有千秋，它们在味道和质感方面有着明显的差异，每一种都有着独特的韵味，能带给品尝者不一样的味觉体验。

莲花县的六市乡更是巧妙地借助当地特色，走出了一条独具魅力的发展之路。依托别具一格的乡村旅游产业以及政府有力的扶持政策，六市乡秉持"宜林则林、宜果则果"的科学发展思路，积极探索并大力发展庭院经济，通过合理规划与精心打造，创办了西瓜基地、蜜梨基地、有机茶基地等规模达万亩的特色种养基地，成功构建起了一条"四季赏花、四季采果"的农旅融合特色产业带。这条产业带宛如一条熠熠生辉的彩带，吸引着八方游客纷至沓来，每年接待的游客数量超过10万人次，展现出了强大的吸引力和蓬勃的发展活力。

尤其在蜜梨种植方面，六市乡成绩斐然，全乡蜜梨的种植面积已然达到了1700多亩，如此广袤的种植规模，带来了颇为可观的产量，年产量大约在200万斤左右，凭借着蜜梨优良的品质以及稳定的产量，创造出了超过2000万元的年产值，成为推动当地经济发展的重要力量，也让六市乡的乡村振兴之路越走越宽广，越走越坚实。

图 4-16 蜜梨采摘（图片来源：莲花电视台）

第十一节 洞背西瓜

洞背村位于一个拥有土地肥沃和充足日照时间的地区，这使得洞背西瓜在品质上具有明显的优势，土壤肥沃意味着植物能够充分吸收营养物质，从而使果实的品质更好，而丰富的日照时间则促进了西瓜的生长和甜度的提高。洞背西瓜通常在3月份开始播种，在6月上旬就能采摘上市。

图 4-17 西瓜采摘

（图片来源：微信公众"智理闪石""莲花发布"）

洞背村采取"党支部＋合作社＋农户"发展模式，于2018年在上级党委政府的关心关怀、帮扶单位的大力支持、农户的认真钻研、勤劳种植下，注册打响了"洞背西瓜"品牌商标。

第十二节 蜂蜜

春有油菜花，夏有绿色稻花、乌桕花及百花，秋有五味子花，冬有野桂花。一年四季花不断，野生蜂蜜香气清淑，滋味鲜爽，营养丰富，加上中国本土中华野生蜜蜂自然采集，所酿的的蜂蜜口感好、营养丰富是人们常用的绿色保健食品。

莲花县山野原生产品专业合作社始建于 2009 年 9 月，14 年来，公司倾心依托农业科技优势，自然资源优势和引入人才的资源优势，2022 年 6 月注册莲花万蜜园农业有限公司，全力开发绿色蜜蜂养殖产业，是一家以绿色食品野生蜂蜜研发、生产与销售为主的绿色食品生产加工企业。莲花野生蜂蜜产自于江西省十佳生态县莲花县。主要分布于各大山区，棋盘、高天崖、寒山、五里山、石门山、江山等原始森林中，这里山连山，土地肥沃，远离工业污染。

图 4-18 图片来源：莲花万蜜园农业有限公司拍摄

图 4-19 图片来源：莲花万蜜园农业有限公司拍摄

全民共享·价值实现篇

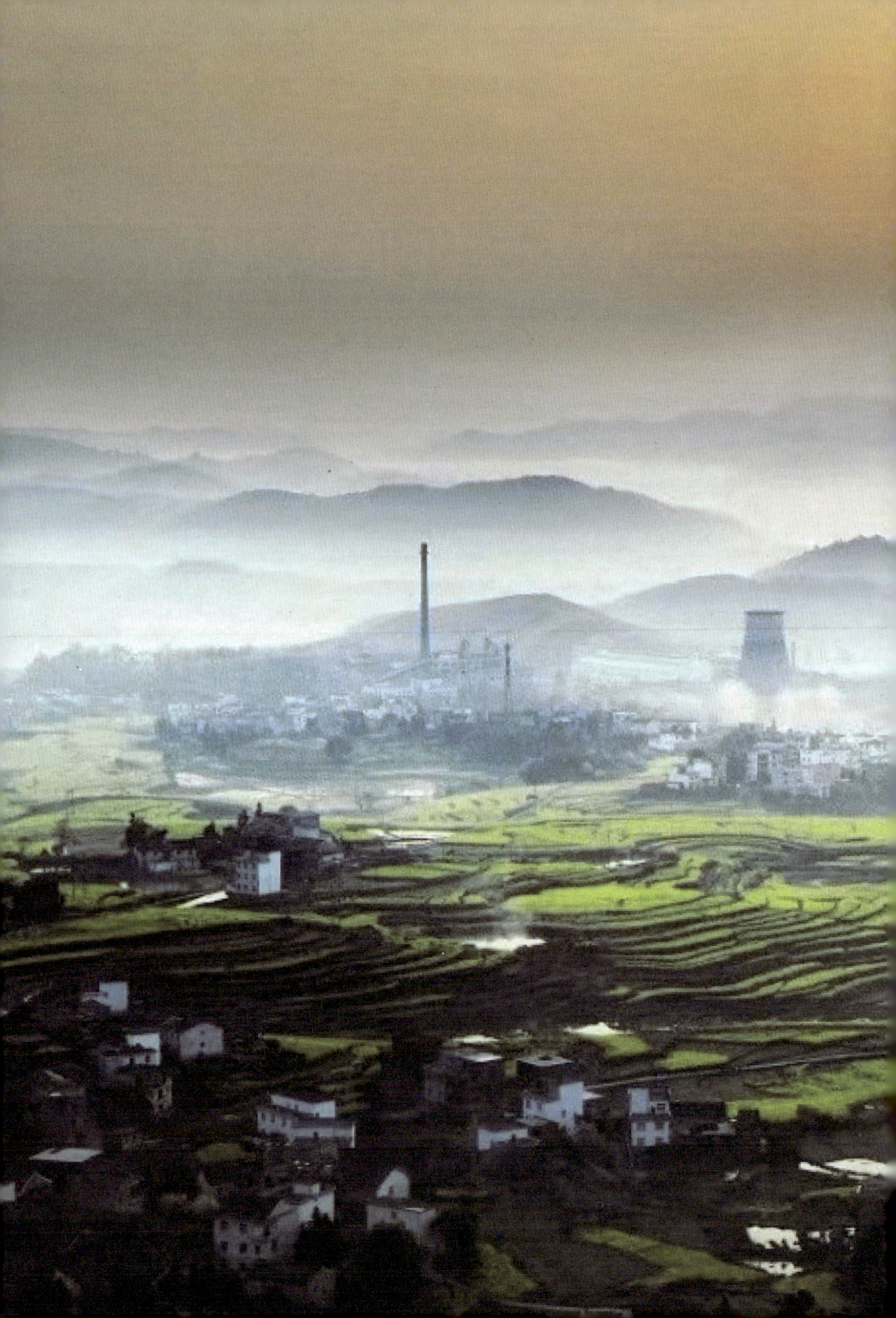

第五章

生态产品价值实现的战略目标与机制

第一节 战略目标和格局

一、战略目标

2022—2023年，莲花县建立健全以"两山"转化为重点的新制度体系，生态优势转化为发展优势的能力显著增强。以"两个求突破（制度突破和路径突破）、一个走前列（在湘赣边生态文明合作示范上走前列）"为关键点，全力开启国家生态文明示范县建设、省级生态产品价值实现示范基地建设和省级"绿水青山就是金山银山"创新基地建设的新局面，形成"有为政府+有效市场"的生态文明发展新格局。

到2025年，进一步打造"全域美丽、全民共享、全国闻名"优质生态产品供给区、生态产品价值实现机制改革先行区、绿水青山与金山银山双向转化样板区，稳步形成可复制、可推广的生态产品价值实现机制的"莲花路径"和"莲花经验"。

二、战略格局

放眼全省和湘赣边区，莲花县将形成"一带、两区、多点"的生态产品价值实现的战略格局。其中，"一带"是指一条示范带，即莲江生态产品价值实现与乡村振兴协同示范带;"两区"是指两个集成示范区,即湘赣边生态产品价值合作共享共建集成示范区、"红古绿金"原生态文化融合集成示范区;"多点"是指围绕五种生态产品价值实现模式创建多个示范基地。

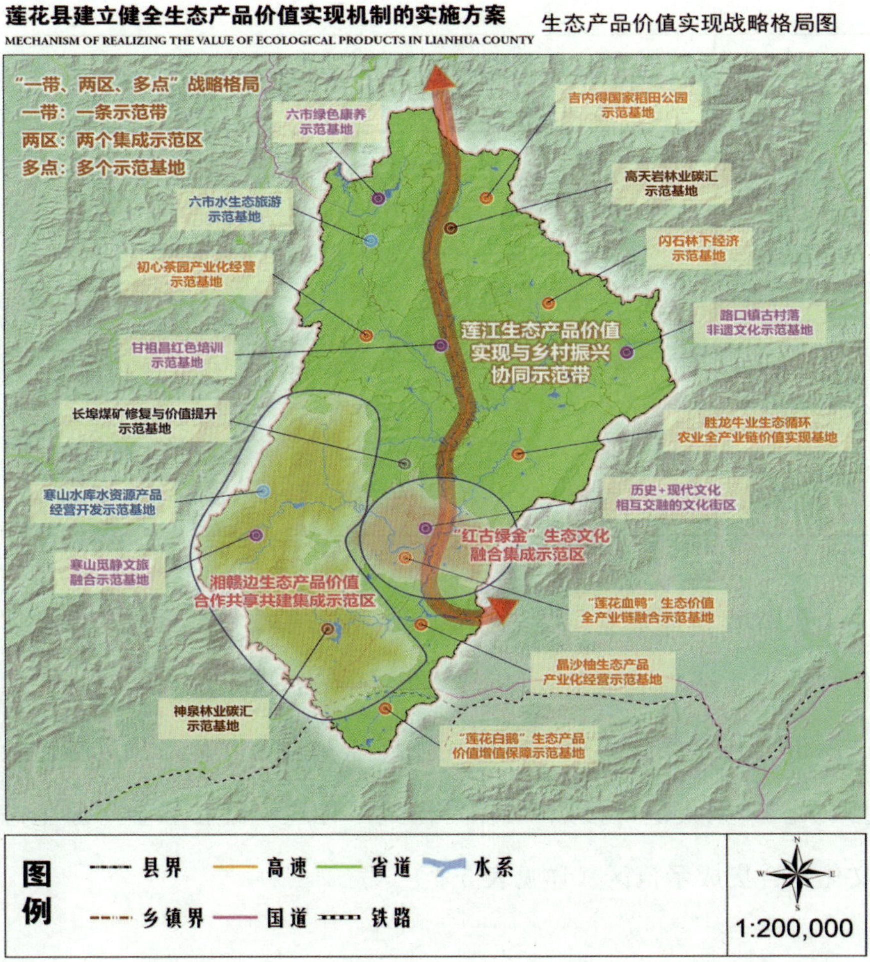

图 5-1 莲花县生态产品价值实现战略布局

围绕"母亲河"莲江,在一江两岸打造集成示范带。高滩村、砚溪村、小江村、沿背村和沙坜村是莲江生态产品价值实现与乡村振兴协同示范带上的重要节点(详见表5-1)。

表5-1 "一带"生态产品价值实现的战略格局

发展方向	示范创建与战略目标导向	主要建设内容指引
莲江生态产品价值实现与乡村振兴协同示范带	围绕"母亲河"莲江,在一江两岸打造集成示范带	①高滩村(红色文化+有机农产品价值实现模式) ②砚溪村(田园康养+研学科普模式) ③小江村(民宿经济模式) ④沿背村(红色文化价值实现模式) ⑤沙坜村(生态文化价值实现模式)

在荷塘和神泉乡,优先在棋盘山村、寒山村、白竺村,一体化打造"系统集成示范大样板"的综合示范区,成为湘赣边生态产品价值共享共建集成示范区。挖掘莲花县古文化,集成打造全县文化 IP 聚集区,按照"1+N"模式,打造"红古绿金"原生态文化融合集成示范区(详见表5-2)。

第五章 生态产品价值实现的战略目标与机制

表 5-2 "两区"生态产品价值实现的战略格局

发展方向	示范创建与战略目标导向	主要建设内容指引
湘赣边生态产品价值合作共享共建集成示范区	在荷塘和神泉乡，优先在棋盘山村、寒山村、白竺村，一体化打造"系统集成示范大样板"的综合示范区，成为湘赣边生态产品价值共享共建集成示范区	①生态信用试点 ②生态公益林建设与林业碳汇项目 ③成立村投公司进行生态资源收储与产业导入 ④寒山水库水资源产品经营开发示范基地 ⑤寒山觅静文旅融合示范项目 ⑥神泉乡景村融合示范点建设 ⑦生态产品价值实现的集成展示馆
"红古绿金"原生态文化融合集成示范区	挖掘莲花县古文化，集成打造全县文化IP聚集区，按照"1+N"模式，打造"莲花之窗"。1是打造1个文化集成样板，一体规划建设莲花县历史文化+现代文化相互交融的文化街区，打造莲花文化IP和文旅服务聚集区，既有文化内涵才气，又有人间烟火气和消费人气。"N"是在各村镇"文化寻根"，在原地修旧如旧，形成一村一润、一镇一特	"徐霞客"和"农民将军"带你穿越莲花县；"给我两天，还你两千年" ①红色：红军医院与职业体验园、江西甘祖昌干部学院、列宁学校、莲花一枝枪、戏院 ②古色：复礼书院、仰山文塔、路口古村、莲花打锡、莲花县非遗展示馆、国学文化馆 ③绿色：徐霞客游园、市民公园、莲江游船码头、荷博园、"莲花血鸭"等地道美食、新中式网红餐厅 ④金色：造币厂与钱币文化展、珠宝店 ⑤现代商店：网红手工艺探店、能工巧匠作坊、网红书店、文创小店

基于生态产业化经营、文旅融合发展、碳汇指标及权益交易、生态修复与保护、生态综合治理5种模式，莲花县将形成"多点"生态产品价值实现的战略格局（详见表5-3）。

表5-3 "多点"生态产品价值实现的战略格局

发展方向	示范创建与战略目标导向	主要建设内容指引
生态产业化经营模式	创建吉内得田园综合体生态农业融合发展示范基地	按照"三产融合、农旅融合、景村融合"的发展思路： ①建好吉内得国家农业公园 ②建好高滩村红色名村、地质文化村 ③配套建设特色民宿 ④持续创建吉内得特色大米品牌
	创建胜龙牛业生态循环农业全产业链价值实现基地	在良坊镇，从全产业链提升生态价值： ①创建部省共建绿色有机农产品基地 ②粪污集中处理厂建设 ③有机肥厂与耕地质量提升 ④秸秆饲料加工 ⑤肉牛加工厂建设
	创建"莲花血鸭"生态价值全产业链融合示范基地	在六市乡和琴亭镇，提升产业链、价值链： ①创建麻鸭养殖基地 ②莲花血鸭深加工线建设 ③开设莲花血鸭餐饮连锁店 ④申报国家级莲花血鸭非遗项目

（续表）

发展方向	示范创建与战略目标导向	主要建设内容指引
生态产业化经营模式	创建"莲花白鹅"价值增值保障示范基地	在三板桥乡，建设莲花白鹅全产业链标准化基地： ①保种场、繁育场 ②标准化养殖基地 ③莲花白鹅加工厂 ④保鲜仓储与冷链物流基地
	创建荷花博览园价值提升示范基地	在琴亭镇，建设特色乡村旅游区 ①荷博园基础设施提升 ②民俗文化节与荷花节 ③莲子加工产业链提升
	创建林下经济示范基地	在闪石乡，创建特色林业经济示范基地： ①以油茶、猕猴桃、菌菇、雷竹等为主的特色种植业 ②发展黑山羊、土黄牛、蜜蜂、山鸡等林下养殖 ③发展森林旅游业，如石城洞旅游开发
文旅融合发展模式	实施莲花县"两山学院"和"红色+绿色"培训高地建设工程	以沿背村、高滩村为重点，打造红色培训高地： ①江西吉内得实业有限公司省级生态文明教学实践创新基地 ②依托江西甘祖昌干部管理学院，成立"两山学院"，建立健全"两山教学"体系
	创建初心茶园产业化经营示范基地	①茶园基础设施提升 ②茶旅综合体建设 ③初心茶品牌创建

111

（续表）

发展方向	示范创建与战略目标导向	主要建设内容指引
文旅融合发展模式	路口镇古村落非遗文化示范基地	①古村落保护与适度开发 ②路口大捷战场原址建设 ③莲花打锡工作坊保护
	六市乡生态旅游示范基地	①海潭村绿色康养示范基地 ②水生态旅游示范基地
碳汇指标及权益交易模式	国家储备林建设与林业碳汇交易试点基地	在荷塘、神泉和高天岩等林区，按照碳汇造林项目方法学的规范标准与技术要求，采用"国家储备林+建设"模式，落实国家储备林二期项目。
生态修复与保护模式	废弃露天矿山生态修复与生态产品供给价值提升工程（EPC）	①南岭乡长埠煤矿先行先试 ②逐步对全县废弃露天矿山进行生态修复，主要是林草地生态修复、景观生态修复、地质灾害治理恢复等工程
生态综合治理模式	国家莲江湿地公园治理与业态导入工程	主要是莲江水生态环境治理，产业导入重点： ①在沿背村江西甘祖昌干部学院，实施红色培训和农村产业融合发展示范工程 ②在县城段，与莲花县文化IP集成示范区相结合，实施"畅游莲江"工程

第二节 生态产品价值评价机制

一、掌握自然资源开发利用状况

落实落细自然资源统一确权登记工作,清晰界定自然资源资产产权主体,划清所有权和使用权边界,合理界定出让、转让、出租、抵押、入股等权责归属,明确自然资源资产权责归属,掌握自然资源开发利用状况。

二、开展生态产品调查监测

分类识别全县供给服务类、调节服务类和文化服务类特色生态产品,形成全县生态产品目录清单。建立健全自然资源和生态环境调查监测体系,在查清自然资源现状及其变化情况的基础上,常态化、例行化、长期化开展生态产品调查监测。探索在莲江(一江两岸)、荷塘乡和神泉乡(莲花县生态价值实现的集成示范样板区)等重点区域率先开展生态产品调查监测试点,掌握区域生态产品数量分布、质量等级、功能特点、权益归属、保护和开发利用情况，形成"时、势、相"三位一体的调查成果图。搭建"一张网、一张图、一套适时动态数据"的国土空间基础信息平台，集生态环境展示、生态安全预警、生态应急处置、生态标准认证、生态数据应用、生态信用建设于一体。

三、探索建立健全 GEP 核算制度

开展全县生态产品价值（GEP）核算，分门别类考虑不同类型生态系统功能属性和产权属性，按照科学合理的 GEP 核算指标体系、技术规划和核算技术操作规程，探索将 GEP 核算基础数据纳入国民经济核算体系，规范 GEP 核算基础数据的收集和整理，明确生态产品价值核算指标体系、具体算法、数据来源和统计口径等，逐步建立 GEP 统计报表制度。

图 5-2 莲花县 GEP 核算数字化平台

四、引导 GEP 核算结果应用

强化 GEP 核算在政府决策中的作用，在工业园区（产业基地）、农业园区、文化旅游景区、社区、商业服务区和重大公共基础设施项目等方面探索"四进应用"（进决策、进规划、进项目、进考核）。探索将 GEP 核算结果应用于生态保护补偿和生态环境损害赔偿。探索建立 GEP 核算结果发布制度，适时评估生态保护成效和生态产品价值。探索将 GEP 核算结果作为领导干部自然资源资产离任审计的重要参考。

第三节 生态产业化和产业生态化机制

在 2018 年 5 月召开的全国生态环境保护会议上，习近平总书记指出，要加快建立健全"以产业生态化和生态产业化为主体的生态经济体系"，这一论断对促进生态产品价值实现具有重要的指导意义。其中，产业生态化是产业发展到一定阶段提质增效的必然要求，强调将传统发展思维转变为绿色、高质量发展思维。产业生态化是对生产流程的生态化改造，引入环境友好型新技术，通过各类资源的循环利用，在实现产出增加的同时保持良好的生态环境效益。而生态产业化是将生态环境资源作为特殊资本来运营，实现资本的保值增值，并按照社会化大生产、市场化经营的方式来实现生态产品价值。生态产业化是按照产业发展规律，推动生态资源开发与建设，推动生态要素向生产要素、生态财富向物质财富转变，把绿水青山变成金山银山的过程。重点在于盘活生态资源，连接一、二、三产业，通过市场化的手段实现生态资源保值增值。产业生态化和生态产业化是经济高质量发展和生态环境

第五章 生态产品价值实现的战略目标与机制

高水平保护深度融合、协同推进的重要体现,也是生态产品价值保值、增值和提效的重要路径。从两者关系来看,产业生态化是产业发展到一定阶段提质增效的必然要求,是生态产业化的基础;生态产业化的推进需要以产业生态化为前提,是巩固、扩大和转化产业生态化成果的保证。

图 5-3 生态产业化和产业生态化的关系

(图片来源:澎湃网)

一、生态产业化机制

"生态整治+美丽乡村建设"模式。该产业模式由政府主导,自上而下推进生态环境整治、人居环境改善、美丽宜居村庄建设等一系列乡村振兴行动,由此推动和发展以生态观光、健康休闲、医疗康养、研学实践等为代表的生态产业。该模式一般有三个发展阶段：一是改善农村人居环境。实施森林质量提升、自然保护地建设、水域综合整治等生态环境治理工程，开展乡村治厕、治垃圾、治水、治房、治风等一系列人居环境改善举措，稳步推进生态修复、环境整治、美化亮化等乡村环境提质改造，改善农村人居环境。二是打造美丽宜居村庄。按照因地制宜、彰显特色的原则，打造一系列美丽庭院、美丽宜居村庄，让乡村生态成为不同于城市的稀缺资源。三是合理布局生态产业。按照因村制宜、错位发展的原则，合理布局生态农业、生态工业、生态旅游等生态产业，发展生态经济。

"生态整合+现代农业发展"模式。该产业模式是通过科学的规划设计，有效整合村域内的土地林地、山川河流、草地荒野等自然资源，完善农业基础设施、改进农业生产条件，形成以规模化、集约化、现代化的生态种植、生态养殖、循环农业等为代表的绿色产业发展模式。具体来看，可通过建设现代农业示范区、构建现代化绿色有机农业产业体系，推动绿色产品品牌走出去，抓好宣传推广，深入挖掘农产品品牌故事，提升农业智慧化水平，为农业插上电商翅膀。此外，基于江西林业的资源禀赋和经营传统，有必要优化林产业布局，突出优势和特色品种，打造区域品牌，逐步形成区域特色鲜明、经营规模适度、产品竞争力强的现代林下经济产业体系。

图 5-4 油茶丰收（图片来源：莲花发布）

"生态开发＋乡村研学旅游"产业模式。在遵循乡村发展规律和历史文化传统的前提下，采取保护自然生态、保留乡土风貌、传承特色文化等方式，对植被、矿山、滩涂以及传统村落、历史街区等自然生态进行保护开发、合理更新、特色塑造，推进乡村"绿色＋红色＋古色＋金色"融合，衍生红色名村、文化名村、传统村落等文旅产业发展模式。在此基础上，"生态开发＋乡村研学旅游"产业模式通过集约利用乡村优势自然资源、盘活闲置资产、改造废旧厂矿等打造自然生态景观、文化地标、旅游景区等，来拓展乡村自然生态资源的多功能性。发展主要有三种实践路径：一是发展生态旅游。对山水林田湖等进行合理开发利用，建成湿地公园、蔬果公园等旅游观光景区。二是营造生态空间。以生态为依托，将传统乡村空间打造成为城乡共享的自然休闲休憩空间和美丽绿色生态空间。三是拓展生态产业。依托生态资源,发展生态农业、生态工业,拓展生态产业链,发展绿色产业。

二、产业生态化机制

挖掘潜能,加快传统粗放型产业的生态化转型。从全国经济来看,虽已实现产业结构"三、二、一"的发展模式,但由于产业结构优化不足,产业生态化水平不高,万元GDP能耗、水耗及主要污染物排放量等节能减排指标仍然较高。因此,要想进一步提高经济发展质量,当前的重要任务之一就是必须对现有传统粗放型农业、工业、服务业进行存量升级,运用"生态+"思想,推动"高消耗、高排放、高污染"的传统产业加速实现生态化转型升级,减少投入和产出过程中资源与要素的消耗,因地制宜,构建现代生态产业体系。同时通过技术引进、合作和创新等方式,对生产技术、生产环节、生产过程及产业园区等进行清洁化、低碳化和循环化改造,实现产品或服务的绿色化。

培育新动能,引入战略性新兴产业,进一步推动产业多元化发展。除了注重对传统粗放型产业的转型升级外,还需进一步培育、引入战略性新兴产业。根据国务院规定,中国的战略性新兴产业有七大类,分别是节能环保、新一代信息技术、生物、高端装备

图 5-5 江西宝海微元再生科技股份有限公司实验室

（图片来源：莲花发布）

制造、新能源、新材料、新能源汽车产业。自 2012 年《"十二五"国家战略性新兴产业发展规划》出台以来，中国大力鼓励战略性新兴产业的发展，并取得了一定的成就，呈扩张式发展。尽管如此，中国战略性新兴产业的发展仍面临着融资困难、科技创意人才短缺、商业模式不成熟等瓶颈。就整体经济发展情况而言，由于战略性新兴产业仍未占主导地位，且主要发展集中在战略性新兴制造业，产业多元性不足。因此，要想推动中国生态产业的发展，还需从新增产业方面进行生态产业培育，尤其是借助"市场拉力—政府推力"来进一步培育和发展多元化的战略性新兴产业。

提高效能，加快传统产业与新兴产业的更新替换。中国是工业大国，制造业是工业的核心。目前传统高能耗、低端、无效产业在部分地区仍存在，而低能耗、高端、高效产业相对缺乏，尤其缺乏优质顶尖企业，工业化进程还存在发展不平衡、不充分的问题。在推动产业生态化发展的过程中，一方面需要做好传统产业的"减法"，另一方面还需要做好传统产业的改造提升，尤其是在传统产业的基础上，通过引进和运用高新技术改造传统产业，引导传统产业向新兴产业更新转变。在更新改造的过程中，并非是让传统产业退出历史舞台，而是通过高新技术改造，进一步提升资源整合效率，实现资源优化配置和高效合理利用，将传统产业更新改造成低消耗、低成本、高效益的新兴产业。

增添智能，数字赋能。数字经济已成为推进产业结构变迁与经济高质量发展的重要引擎，党的二十大报告明确提出："要加快发展方式的绿色转型，实施全面节约战略，发展绿色低碳产业，倡导绿色消费，推动形成绿色低碳的生产方式和生活方式。"首先，数字经济的普及孕育出"数据要素"这一类新型生产要素，可以将由数字要素与其他要素组合形成的要素禀赋结构，制定符合比较优势的最优产业结构。其次，运用数字技术将各类新兴科技、智能设备、先进管理经验运用到产业生产活动的全过程，可以全面提升污染治理效能，极大提高生产效率与资源利用效率。最后，数字技术的应用可以将产业生产过程中的资源消耗与污染排放相关信息进行动态收集，并结合产业可持续发展要求，通过数字智能对产业生产安排进行有效整合，调整当前产业结构模式，不断适应市场绿色发展要求。

　　汇聚势能，推动三产融合发展。在现代经济发展过程中，三次产业不仅自身在不断升级完善，同时也出现了产业融合发展的现象。因此，无论是基于市场需求还是供给侧推动，都需要在发展三次产业的基础上，注重产业融合发展，即以产业生态化、生态产业化为导向，依托地方特色、产业基础、资源优势，推进农业、工业和服务业的相互融合。一方面，大力发展"农业+服务业""工

图 5-6 数字技术创新应用（图片来源：莲花发布）

业+旅游业""农业+旅游业""农业+工业+服务业"等融合性产业；另一方面，对在三次产业协同发展的同时催生出的新产业给予关注和保护。

图 5-7 数字化车间（图片来源：莲花发布）

第四节 "两山"转化运营机制

"'两山'转化运营机制"是指通过搭建一个围绕自然资源进行确权、管理整合、转换提升、市场化交易和可持续运营的平台，来运营管理生态资源的"权"与"益"，解决资源变资产、资产变资本的问题，是通过打通生态产品价值实现的市场交易路径，架起"绿水青山"通达"金山银山"的桥梁，是生态产品价值实现市场化的创新机制，其核心是"生态产品交易中心"的建立和运营。

生态产品交易中心的运营对象包括山、水、林、田、湖、土地、农业等生态资源和生态产品以及具有利用价值的文物、古民居、遗迹等文化资源及非物质文化等。生态产品交易中心是一个生态资源价值实现和转化的平台，通过借鉴银行分散化输入和集中化输出的特征，将零散、碎片化的生态资源通过租赁、转让、合作入股等，市场化、集中化收储，进行规模化整治，提升成优质资产包，再引入、委托和授权专业运营商导入绿色产业，对接市场和持续运营，实现生态资源的价值增值和效益变现。

图 5-8 莲花县生态产品交易中心

（图片来源：莲花农文旅集团）

生态产品交易中心的具体功能包括以下几部分：①碎片资源整合输入。碎片资源整合输入包括但不限于集中收储美丽乡村建设中的连片村庄，主要是集中收储美丽城镇建设中的小城镇、小集镇，综合管控河流沿岸的房屋、农田、湿地等环境风貌，集中管控区域内的古镇、古村、老街、老屋等人文资源的开发，集中管控美丽精品观光带、美丽公路、美丽廊道沿线的自然资源、环境风貌等。②低效资产回购输入。低效资产回购输入主要是对其他工商资本、开发商已收储的山水林田湖草等自然资源资产进行重新评估。其中，对处于低效开发的自然资源资产进行回购再开发；对低效开发经营的林地、耕地等进行重新回购收储，为高效农业开发做好资源储备；对闲置宅基地、农房进行评估回购，为开发民宿、康养、文创、总部经济等提供支持；对生态公益林进行集中收储，并将其整合为能够连片开发森林康养、休闲旅游、科学考察等项目的资源库。③股份化收储生态资源。利用储户资金、社会资本及政府引导基金等，鼓励乡镇（街道）、村（社区）开展全域股份化改造。采取入股、托管、赎买等形式进行集中收储，使区域内拥有自然存在性资源和人文传承资源的村民、村集体和相关企业成为"生态产品交易中心"的股份化"储户"，定期获得储蓄收益。④地方特色资源开发输入。针对现有的"山、水、林、湖、草、田、房、地、矿"等资源较为分散的特点，尝试将任何一片林、一座山、一条溪、一座岛、一种低碳行为等都纳入生态产品交易中心管理平台。

生态产品交易中心是一个由多元主体组成，需要高度配合、分工合作的运行体系。各个主体所处的地位、拥有的资源、在项目中的职能都不相同，需要构建优势互补、职责明确、权责一致、激励相容的职责体系，共同推进"生态产品交易中心"的实施。"'两山'转化运营机制"是一种市场化的生态产品价值实现方式，但同时政府在"'两山'转化运营机制"的建立中起基础性和关键性的作用。一般来说，在"'两山'转化运营机制"的架构中，政府的职责包括：①发起成立生态产品交易中心，全面负责生态产品交易中心的顶层设计和全程把控；②积极争取上级政府和政策支持，打造平台，编制组织架构，吸引人才，加强能力建设；

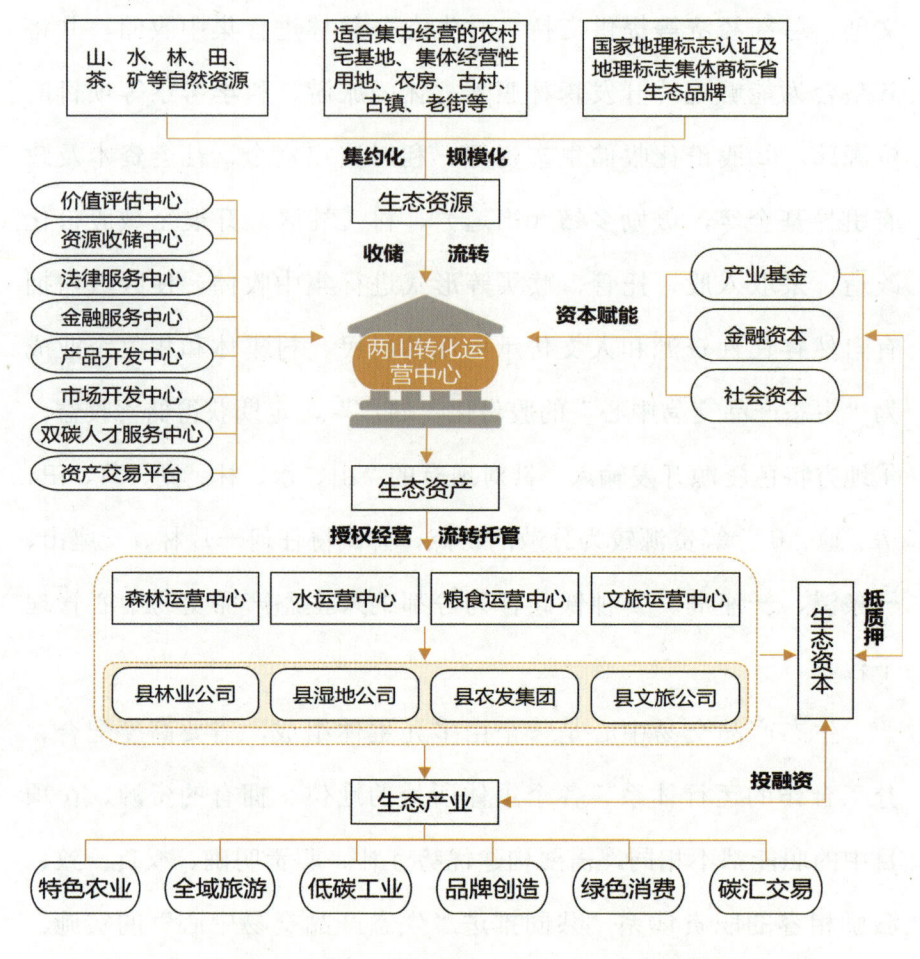

图5-9 生态产品交易中心运作示意图

③积极推进生态资源的确定登记和三权分置改革；④制定生态产品交易中心的交易规则和运营机制；⑤加强监管，切实维护公共利益。此外，运营商的职责包括：①负责细分产业的运营，盘活资产，促进生态资产保值增值，同时获取合理收益；②负责通过

市场化融资，筹集产业运营所需要的资金；③在符合条件的前提下，尽可能雇佣当地农民和居民就业，积极为当地培育专业的人才队伍。金融机构的职责包括：①负责提供资金，获取合理收益；②通过尽职调查对所投项目进行研判，对风险进行防范。

第五节 生态司法保障机制

莲花县立足生态优势,探索推进"检察蓝+生态绿"合作共建、联合共治、发展共促新模式,推动生态环境高质量发展。这是全省首个检察机关与地方人民政府签订的生态环境保护合作协议,得到省检察院、省生态环境厅的高度认可。

一、建立"四个机制",助力生态保护协作共商

建立联席会议机制。检察机关与各乡镇定期召开联席会议,共同研究生态环保领域普法宣传、项目建设等事项,做到问题共商、工作共抓。目前已召开联席会议8次,在通过联席会议,对发现问题线索进行分析研判的基础上,推动发出《工作提示函》2份,提出整改建议14条。

建立线索共办机制。建立联合检查、线索联动核查等机制,行政主管部门与检察机关联合深入山林、水域开展巡检,并就发现的线索共商共办,拓宽线索渠道,加大查办力度,提升监督实效。

目前已协同办理有关公益诉讼案件 32 件，有效打击了破坏生态环境的违法犯罪行为。

建立信息共享机制。打造共享信息平台，对重要情况互相通报、重大案件及时研讨、重点环节及时协商，确保双方实时掌握辖区内生态环境动态。检察机关已推送生态环保政策法规、典型案件等 12 期；当地人民政府已推送重点项目建设、两违巡查等 23 期。

建立生态保护网格化管理机制。每个行政村明确 1 名生态信息员，对网格内破坏生态环境的线索及时收集并移送，织密生态线索"情报网"。开展网格员集中培训，重点讲解最新法律法规、执法实践等内容，提升信息员队伍履职能力。落实"检察官进网格"，检察干警与村（社区）挂钩联系，实现人员全参与、网格全覆盖。

图 5-10 莲花县检察院和六市乡政府共同推进生态环境高水平保护签约仪式（图片来源：莲花发布）

二、突出"三个重点",促进生态环境协同共治

突出重点领域抓治理。聚焦水源地污染、非法开采、偷盗滥伐等生态环境综合治理问题,检察监督、行政执法联动发力,合力打击。通过严格执法司法,关停制砂场3家,引导协调3家焰材厂有序退出,实现生态环境保护试点乡镇零污染企业落户、零生态隐患项目开工。

突出重大项目抓监督。建立重大项目规划建设通报制度,各乡镇及时向检察机关通报规划建设的重大项目情况,由检察机关提出意见建议,指导完善相关审批手续。截至目前,检察机关已为县内多个重点项目规划审批、建设手续"把脉会诊",督促整改问题5个,严防毁林、污染等事件出现。主动走访在建中的项目,全力摸排风险隐患,共督促清理各类生活垃圾、固体废物10余吨,恢复受损林地3亩。

突出法治教育抓宣传。检察官、行政执法人员同堂培训,共同提升生态环境保护履职能力。结合巡回公开听证,将生态案件检察听证席搬到群众家门口,以案释法,近距离提升村民生态保护意识。开展保护生态环境主题宣传活动5场,现场发放生态保护宣传册1000余份,吸引5.4万余名群众观看公益诉讼宣传片。

第五章 生态产品价值实现的战略目标与机制

图 5-11 莲花县检察院生态环境保护

（图片来源：莲花发布）

三、打造"两个基地"，推动生态文明特色共建

共建公益诉讼生态修复基地。积极探索"专业化法律监督+恢复性司法实践+社会化综合治理"模式，优化损害赔偿磋商机制，通过生态损害赔偿人以劳代偿、异地补植等多元方式修复生态。2021年以来，共追偿生态修复费等约136万元，划定60亩荒地作为生态修复基地。

共建古树名木保护教育园地。针对部分古树存在未设置保护标志、缺乏必要的养护等问题，召开保护古树名木公开听证会，邀请林业局、乡政府、人大代表及村民代表共同商讨，发出4份检察建议，提出12条具体保护措施，督促整改。目前在高滩村设立了集生态修复、警示教育、社会公益于一体的古树名木保护教育园地，链接多方力量强化古树名木保护管理。

四、制定"一本手册"，提升生态环境治理效能

共建企业合规建设指导模式。会同农业、林业、环保、资规等职能部门，就服务项目建设、"一站式"协同等领域厘清行政机关职能和相关法规，出台了"检察蓝＋生态绿"《项目建设合规流程操作指导手册》，共同为项目建设提供合规指导，给可能存在的项目建设破坏环境行为"打预防针"，该项工作被刊登在《检察日报》头版上。

第五章 生态产品价值实现的战略目标与机制

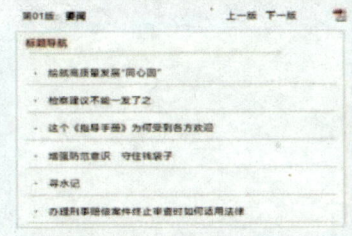

图 5-12 《检察日报》刊登

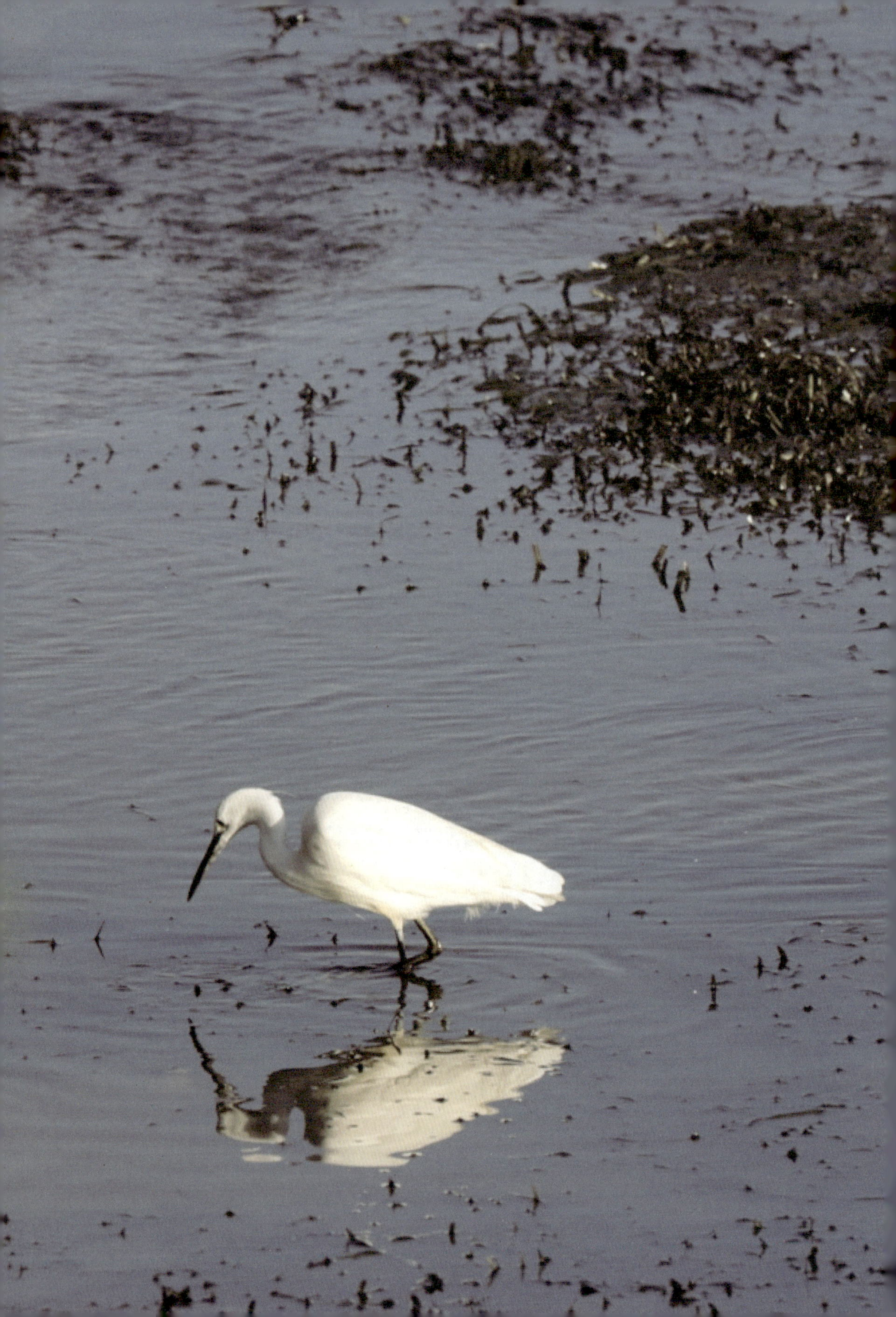

第六章
生态产品价值实现路径

探索生态产品价值实现路径，对于推动经济社会发展全面绿色转型具有重要意义。习近平总书记指出："要积极探索推广绿水青山转化为金山银山的路径，选择具备条件的地区开展生态产品价值实现机制试点，探索政府主导、企业和社会各界参与、市场化运作、可持续的生态产品价值实现路径。"在这个理念的指引下，莲花县委、县政府深入贯彻习近平生态文明思想，用"生态+"理念谱写着可持续发展的华章，用绿色的笔触描绘着绿色发展。以"绿起来"带动"富起来"，致力实现由地下挖"金"向地上点"绿"成"金"的转变。近年来，"六化"（系统化治理、产业化经营、品牌化打造、数字化赋能、多元化参与、制度化建设）协同如同一场奏响的交响乐，为莲花县的绿色发展注入了旋律和激情。莲花县正在走出一条生态美、产业兴、百姓富的绿色发展之路。

第一节 系统化治理，
生态产品价值保值路径

生态环境没有替代品，用之不觉，失之难存。在这个山水林田湖草沙生命共同体中，要统筹兼顾、整体施策、多措并举，多干保护自然、修复生态的实事，多做治山理水、显山露水的好事，提升生态产品供给能力，实现生态产品价值保值。近年来，莲花县以水定需、量水而行、因水制宜，加强水生态文明建设，积极应用林业碳汇项目方法学，通过森林绿化和林业碳汇项目建设，进行补植补造、冠下造林、林分抚育等森林经营，促使森林质量显著提升和林分结构显著优化。蔚蓝的天际下，沐浴在阳光中的莲花县，呈现出一片片欣欣向荣的景象。

一、扎实做活"水"文章 做优做强水生态文明

一幅幅水墨画清新淡雅、一座座水库碧波荡漾、一口口山塘堰湖泛着银光、一股股清泉润泽万民……近年来，莲花县以青山为屏、河湖为脉，充分利用"七分半山一分半田，一分水面和庄园"

的地形，积极推进水利设施的建设和流域生态综合治理。一座座新修的水库，如玉带般依山蜿蜒，与周边的绿色农田排布得错落有致；一座座公园，如仙境般沿湖傍水，形成了山水城相容的靓丽莲乡。

图 6-1 莲江湿地公园（图片来源：莲花发布）

碧水共蓝天，河长护家园，河湖长制的"旗帜"在这里展现了别样的风采。民间河长与企业家携手共进，共同参与河湖保护，如风亦如水，河湖治理由点及面，宣传鼓动，让更多的人能够加入进来，营造出人人关心河道、珍惜河道、保护河道、美化河道的良好氛围，"众人拾柴火焰高"也在这里得到更充分的体现。

图 6-2 寒山水库（图片来源：莲花发布）

二、林长制促林长 莲乡"翠"意盎然

深冬的莲花，绵延群山依然满目青翠。自推行林长制以来，莲花县以林长制工作为总抓手，以"制"促"治"，厚植绿色，擎画生态，全面构建出一幅百姓富、生态美、环境优、林分齐的美廊画屏。

莲花县，绿色的屏风厚植而起，森林管理推行"严管、巧促、善推"的工作机制。生态保护的红线牢牢守护，森林资源保护的旗帜高高飘扬，森林采伐限额制度的手杖紧握。同时，规划造林、科学绿化的种子播撒，森林"四化"建设的乐曲奏响，促进森林可持续经营，使林地的综合效益焕发光彩夺目的生机。近年来，围绕"增绿、管绿、护绿、用绿、活绿"五大任务，退化林修复、矿山复绿、防护林建设、森林抚育补贴、低产低效林改造等项目纷纷开展，森林覆盖率如春风般迅猛增长，森林焕发出新的活力。莲花县空气优良率、饮用水水源地和河流断面水质达标率达100%，获评"江西省森林城市""江西省园林县城""江西省首届十佳绿色生态县"等美誉。

图6-3 莲花县山林（图片来源：莲花发布）

三、矿山复绿满目春 大地重生展"新颜"

莲花县作为矿山修复重点县，积极抓住转型机遇，建设绿色矿山，倾心呵护绿水青山。"一矿一策、一矿一景"，莲花县将矿山修复与农业相结合，废旧矿山变成"花果山"，结出"致富果"；将矿山修复与研学相结合，废旧矿山变成"教育山"，种下"希望果"；将矿山修复与文旅相结合，废旧矿山变成"文化山"，开出"精神花"。通过将矿山修复与各领域的发展相结合，莲花县以"矿山修复＋N"的模式，推动"修复治理任务"向"产学研农文旅"文化经济模式升级。群山披"新装"，过去的生态伤疤变成了优美的生态景观，矿山修复生态产品供给能力显著增强。

图 6-4 矿山复绿（图片来源：莲花发布）

四、垃圾分类举措行 "组合拳"舞动环保心

在环保的大潮中,垃圾分类犹如一朵美丽的花朵,为城市增添了一抹彩色。2023年,莲花县以生活垃圾分类为指引,努力营造生态文明建设和城乡环境改善的优美画卷。

工欲善其事,必先利其器。2023年,多个垃圾分类点位如雨后春笋般在莲花县三板桥乡、中央学府、御景湾新村等地涌现;同时,垃圾分类工作也深入校园,在城厢小学、城厢中学、莲花中学等多所学校纷纷设立了垃圾分类设施。如今,整个县域已经构建起172个垃圾分类处理试点,宛如星辰点缀在村庄、居民小区、校园、公园和广场之间。

流连于莲花广场、滨河公园,垃圾分类标识宣传牌和宣传栏分外醒目,用旧轮胎、旧油桶改造成的休闲座椅等设施充满创意,令人赞不绝口。志愿者们通过发放宣传单、讲解、现场演示向公众普及垃圾分类知识,全民参与垃圾分类、共享环保低碳生活的理念在莲花人民心中根植。

图 6-5 垃圾分类主题广场（图片来源：莲花发布）

五、污染防治"翻身仗" 实现天蓝水碧绿意浓

　　近年来，莲花县扎实开展污染防治攻坚战行动，印发实施了《关于全面加强生态环境保护坚决打好污染防治攻坚战的实施意见》和《莲花县打赢蓝天保卫战三年行动计划》，带领这个地方奏响了绿色未来的赞歌。在这片美丽的土地上，伴随着10蒸吨以下燃煤锅炉淘汰、266家餐饮油烟排放整治工作、强化秸秆焚烧管理和综合利用的实行，燃煤锅炉的声音渐渐消逝，噼啪作响的火焰渐渐熄灭，灰尘和污染渐渐远离。随着《莲花县畜禽养殖污染治理专项整治方案》的实行，170余家忙碌的禽畜养殖场放慢了脚步。生物防治措施紧紧围绕着农田展开，农药和化肥在慢慢远离农田，农业的面源污染得到了控制。生活污水设施建设和饮用水水源地规范化建设完美地满足了群众对健康饮用水的渴望，龙山口国控

断面达到并优于Ⅲ类水质，饮用水水源地水质达标率为100%，优良的水质成为这片土地最美的符号。城乡清洁工程的推进犹如一双手，温柔地拂去大地的眼泪，让垃圾远离了城乡的大地，恢复了大地的笑颜。随着生态文明建设的不断深入，幸福之花在这片土地上怒放。

乘着生态文明创建的东风，莲花县正坚定不移地奔跑在生态优先、绿色发展之路上，不断深入推进生态文明建设，坚决打好污染防治攻坚战"翻身仗"，进一步完善绿色发展规划、优化绿色发展布局、健全绿色发展体系、打造绿色发展品牌，努力让莲花天更蓝、山更绿、水更清、环境更优美。[1]

图6-6 莲江河（图片来源：莲花发布）

---

[1] https://mp.weixin.qq.com/s/D0V80PWN4TmfyKu-nWxkgQ 推动绿色发展（86）| 生态莲花别样艳

第二节 产业化经营，生态产品价值增值路径

产业化经营，实现生态产品价值增值。站在人与自然和谐共生的高度，要以新发展理念为指引，为经济社会发展谋划出一片绿色的天地，要进一步推动生态产业化经营开发，延长生态产品产业链，实现生态产品价值增值。让生态之美与经济之盛相互融合。要大力推进生态农业发展和生态工业转型，因地制宜，培育特色优势产业，走绿色低耗能的工业发展新路。要大力推动生态旅游产业发展，通过"红古绿"深度融合发展模式，以线串点，以点带面，形成"望得见山、看得见水、记得住乡愁"的特色乡村旅游目的地。

一、春耕夏播秋丰收 生态农业展宏图

在莲花县，生态与绿色交相辉映，宛如一幅迷人的画卷。这里以粮食、油菜、蔬菜、特色养殖等为重点，深入实施"农业龙头带动"战略，加快农业产业化进程。金色的稻浪如歌，那是优质水稻与现代种业在莲花县人民的呵护下成长的果实。金色的稻

穗低垂着身姿，随风摇曳。花团锦簇的菜田是大自然的调色板，将健康和美味带到人民的餐桌上。优化农业产业结构布局，围绕优质水稻和现代种业、草食畜禽、高效蔬菜、休闲农业"1+4"重点产业，莲花血鸭、肉牛、富硒大米、药材、果业、油菜油茶、莲子等特色优势产业在莲花县的土地上生根发芽。麻鸭在水面上自由穿梭；肉牛在肥美的草地上自由自在地嬉戏，奏响着牧歌般的华章；富硒大米散发着淡淡的馥郁芳香，宛如一场五谷丰登的盛宴；药材花团锦簇，为人民提供了健康的保障；油茶树挺拔的身影，带来了油茶的丰收，每一滴油茶油都沐浴着阳光的味道；莲子如玉石般晶莹剔透，宛如珍珠点缀着莲花。围绕乡镇特色农业产业，打造"一乡一业"优势品牌；推进田园综合体建设，打造一批现代农业示范园、精品农业示范基地，形成"一村一品"的发展格局。休闲农业蓬勃发展，乡村成为人们心灵的避风港。现代农业示范园和精品农业示范基地如星辰般分布在莲花的大地上，成为一座座迷人的景点。在美丽的莲花县，"一乡一业"的优势品牌的打造让每个乡村都有属于自己的特色农业产业，展示着乡村的骄傲和独特，承托着每个村民的乡愁。乡间土地上的麦浪、油菜花海、果园香气、茶园翠绿，构成了一幅幅乡村诗画，让人们沉醉其中。

第六章 生态产品价值实现路径

图 6-7 路口湖塘油菜花海（图片来源：莲花发布）

图 6-8 5000 亩荷花博览园／魅力琴亭

（图片来源：莲花发布）

图 6-9 500 亩高效蔬菜园（图片来源：莲花发布）

图 6-10 2000 亩优质稻油园（图片来源：莲花发布）

二、技术催动绿色生 生态工业转新章

在八九十年代，莲花县曾是资源型工业的舞台，大部分财政收入源自于地下的宝藏。但随着环境保护、关井压产、资源枯竭，工业产业转型势在必行。近年来，莲花县开始培养战略性新兴产业，在生态工业园这一宏伟殿堂中，空压机产业集群成为焦点之选。依托产学研用体系，推动工业绿色转型。以空压机企业为代表的新兴企业从无到有、从有到优、从优到强，走出了"莲花智造"的绿色低耗能工业发展新路。食药产业园成为发展的重心，中医药产业迎来了高质量的春天。优势的中医药企业建立了稳定的药材供应基地，打造出了以"生态食品"为名的莲花产业品牌。湘赣边区域合作产业园，企业循环的生产方式、产业循环的组合方式、园区循环的改造方式，共同构筑了国家绿色产业示范基地的壮丽篇章。工业的转型，如同变幻的花海，绽放出绿色低耗能的风采；食药产业的发展，如同美味的盛宴；湘赣边区合作的产业园，如同展翅的大鹏，带领众多企业走上了绿色征程。

图 6-11 空压机产业服务中心（图片来源：莲花发布）

三、山川秀美抚心灵 生态旅游产业兴

莲花县这片美丽的福地，正以绝佳的姿态开启全域旅游的新篇章。在"莲花福地赢天下"的形象下，莲花县以打造全域旅游的最新目标，展现出无限的魅力。

油菜花、桃花、梨花、梅花、栀子花、百合花、荷花……依季争奇斗艳，青山绿水间，宛如花的海洋，处处皆景，所到怡情，每到盛花期，百花如绣，游人如织[2]。流连于荷花博览园，你能被那里的荷花所倾倒。绿意盎然的六市美丽乡村，让你感受到大自然的鬼斧神工。经受红色沿背培训的洗礼，让你切身感受到革命先烈的英勇事迹。这里的旅游路线不仅仅只是线，更是串点为面。沿着红色旅游线，感受到红色记忆的强烈触动；沿着徐霞客旅游线，

---

[2] https://mp.weixin.qq.com/s/hK1lm5pnFUo1fwjAL19SWg 遇见美丽江西｜"红古绿"三色莲花欢迎您

图 6-12 坊楼镇洋桥村七彩田（图片来源：莲花发布）

领略他的探险精神；沿着生态旅游线，畅游于自然的怀抱。在莲花县，以"一乡一花，一镇一品"为总则，力求让每个乡村都展现出独特的风采，给游客们带去一场盛大的"花海盛宴"，实现"百花齐放，百花朝莲"的旅游格局，让人"望得见山、看得见水、记得住乡愁"。

图6-13 良坊镇玉溪民俗文化园（图片来源：莲花发布）

四、自然山河疗心灵 旅游康养赋温情

在莲花县这片拥有丰富生态资源的土地上，一座充满文采和魅力的新城正在兴起。这个城市将医疗、健康、养生、养老产业与旅游相融合，建设集医疗保健、养生康复、养老度假、休闲旅游以及生态居住等配套服务于一体的互动大健康产业链，形成复合型健康养生旅游区。在这里，人们可以沐浴在硒锌资源的滋养下，享受到户外天堂般的休闲体验；可以在集历史文化康养、生态医疗康养、自然风光康养、农业膳食康养、运动休闲康养于一体的"八度康养"产品体系下，呼吸森林新鲜的空气，聆听小溪和鸟雀的齐声合奏，感受这个独特的小镇里健康与自然的完美结合。

第三节 品牌化打造，
生态产品价值提质路径

品牌化打造，实现生态产品价值提质。生态产品价值取决于生态产品的质量，整体规划和统筹协调，大力塑造生态品牌，是提升生态产品质量的钥匙。完善科学的绿色产品标准、认证、标识体系，是绿色低碳循环发展，提高绿色产品供给质量和供给效率，引领公众形成绿色消费习惯的前提。生态产品质量追溯机制的建立，如一面镜子映照着产品的真实。利用区块链溯源等技术，实现农产品从田间到餐桌的全过程数字化溯源，让人们信服。

一、生态产品价值新 "绿色产品"声盈耳

在莲花这片富饶的土地上，"莲花绿色生态品牌"正焕发出绚丽的光芒。"莲花血鸭""莲花胜龙鲜牛肉""吉内得大米""晶沙柚"和"甘红茶"等农产品品牌散发着勃勃生机，吸引着每一个人；"中国硒锌大米之乡""中国硒锌油菜薹之乡"和"中国硒锌莲子之乡"等硒锌品牌让人尽情品味着这片土地的独特魅力；莲花有机水稻、油菜、肉牛、莲子、柚子等集生产、加工、销售

于一体的"有机汇"品牌让人们感受到绿色健康的美味体验;"莲文化旅游节""油菜花节""栀子花节""红色文化""楹联文化"等文化品牌让人们在欣赏美景的同时深入体验这片土地的文化沉淀;"莲花福地""红色枪王""生态休闲""荷花生态乡村游""油菜花生态休闲游"等旅游品牌让人感受到生态旅游独特的光芒。这些品牌不仅带给了莲花县巨大的经济效益和社会效益,也提升了莲花绿色生态品牌的影响力和知名度。

图 6-14 制作莲花血鸭的本地麻鸭／王晓震摄

二、生态产品质量好 绿标伴行品质行

　　莲花县悉心呵护绿色产品，完善管理制度。那翠绿的有机农产品，如同一朵朵盛开的花，需要质量认证的"悉心呵护"。故莲花县完善了绿色产品标识管理制度，加强了绿色有机农产品认证管理和农产品地理标志认证管理，一步一步，扬起了绿意的轻舞。第三方生态产品质量认证，如一盏明灯，为质量护航；认证结果互通互认，合奏起优美乐章。全县生产企业信息系统的完善，"黑名单"制度的实行，如一面厚墙，守护着信誉，为质量保驾护航。在过去五年里，莲花县认证"两品一标"农产品46个，富硒产品35个，全国名特优新农产品14个，莲花蜂蜜、海潭翡翠茶叶、莲花莲子、高洲菜籽油、莲花大米、莲花山茶油、莲花白鹅、六市腊肉8个农产品被列入《全国地域特色农产品普查备案名录》，这些都是认证路上取得的伟大成就。莲花县以坚实的一步，拓展了省域认证结果的互通互认，同心协力向前迈进，为农产品保驾护航，开启了新的篇章，续写出更多的诗篇。

三、生态产品放心享，"湘赣红"平台展追溯

　　在湘赣边区域合作示范区，一幅优美的琴谱展开——"湘赣红"追溯平台。这个平台的数字地图犹如一段段五线谱，码链溯源技

术如旋律悠扬，让农产品从田间到餐桌的全过程数字化溯源变得生动有趣。农产品投入品和质量可追溯管理工程、质量安全追溯平台、质量安全二维码追溯、"一品一码"全过程追溯体系，这些内容相互辉映，共同构成了包装在农产品上的信任印记，是优质、高价的象征，与莲花县的农产品相得益彰，为生态产品增添了一抹动人的色彩。

图 6-15 "湘赣红"品牌数字地图发布现场

（图片来源：莲花发布）

第四节 数字化赋能，生态产品价值增效路径

数字化赋能，实现生态产品价值增效。在"无数字不生活、无数字不产业"的数字经济时代，数字化手段是实现"生态产业化、产业生态化"的强力支撑。通过完善生态大数据系统，建立全覆盖的各类生态环境监管业务，像一双智慧的眼睛，及时跟踪掌握生态产品信息变化情况；通过建设GEP（生态系统生产总值）数字化平台，为构建"资源—资产—资本—资金"的转化机制提供技术支撑；通过筹划搭建生态产品市场交易数字化平台，推动线上线下资源、渠道深度融合，促进生态产品供给与需求高效对接。生态美好与数字经济相结合，描绘出一个更加美妙的未来。

一、数字平台统一规范成 生态产品共享繁荣场

在这片多彩的土地上，莲花县成立了县级生态资源资产经营管理平台，它如同一本精美的画卷，细致描绘着生态资源的价值；

成立了生态系统生产总值 GEP 数字化展示平台，它如同一首精心谱写的乐章，以数字化的形式展示着全县山、水、林、田、江、河等生态资源的珍贵和独特之处；搭建了农产品电子商务交易平台，把县级庞大的农业产值融入其中，用数字奇迹唤起了农产品的无限可能。这些努力将县级生态资源管理打造成一首华丽的诗篇，其中每一个平台都是韵律的组成部分，为县里的工作注入了生动的色彩和流畅的节奏，开启了生态之美的崭新篇章，让人感受到生态旅游独特的光芒。这些品牌不仅带给了莲花县巨大的经济效益和社会效益，也提升了莲花绿色生态品牌的影响力和知名度。

二、浩瀚数据见生态 生态产品市场价值明

在生态资源调查监测领域，莲花县用"一张网、一张图、一套适时动态数据"绘制生态的珍贵。智慧河长 APP 在巡河员手中争相绽放，每一位巡河员记录着巡河的足迹，化作一本巡河日记，清楚而生动。巡河员的记录一同绘制了一张网，实现了全方位、动态化的监控管理。在生态资源交易领域，莲花县搭建起一个自然资源交易平台，线上线下资源与渠道深度融合。资源与资本在这个平台上交织融合，为生态产品的交流创造了美妙的契合。在

生态资源收储领域，莲花县组建了自然资源收储中心，如同一座掌握着土地、矿产、森林、湿地等自然资源的宝库。借助数字化的力量，生态资源管理穿越了时空的界限，共同编织出生态资源的美丽篇章。

图 6-16 智慧河长管理系统（图片来源：莲花发布）

第五节 多元化参与，生态产品价值共享路径

　　多元化参与，实现生态产品价值共享。良好的生态环境是最公平的公共产品，是最普惠的民生福祉。要把改善人民群众的生存环境作为民生工作的着力点和努力方向，最大限度地提供惠及全体公民的生态福利。要推进生态建设投融资多元化参与，在保护好生态资源与生态环境的前提下，通过将生态资源以直接经营、委托经营等方式交由市场主体经营，培育多元化的市场主体，引进专业设计、运营团队，鼓励盘活废弃矿山、工业遗址、古旧村落等存量资源，通过统筹实施生态环境系统整治和配套设施建设，推进相关资源权益集中流转经营，提升生态产品开发利用价值，丰富生态产品价值实现模式，源源不断地提供生态产品服务。将多元化融入到生态建设的每一个环节，共同创造一个美丽、繁荣的生态环境。

一、生态建设催人奋 多元投融资助绿色生

国际农发资金的借贷之力，如清泉流过，浸润着现代农业这一盛开的"莲花"的光彩；萍乡市金融控股有限公司等众多有识之士的联合出力，如鲜花环绕，拥护节能环保、海绵城市、智能制造、新能源及新材料等行业发展。莲花县在绿色信贷的旅途中精心耕耘，探索新的路径。有机农业、林下经营、流域综合治理等重大项目，在绿色信贷的呵护下蓬勃发展；在生态建设的道路上，政策性贷款、产业引导基金、股权投资基金化作一套"组合拳"，激发了社会投资的热情，降低了绿色融资的成本，培育了生态产品价值实现的绿色低碳新动能。

图 6-17 萍乡市莲创股权投资基金签约仪式

（图片来源：莲花发布）

二、生态修复开发兼顾 多元参与谱绿新篇

在生态修复的殿堂上，充斥着制度的光芒。开门编规划，牵头组织、专家领衔、部门合作、公众参与、决策科学编织起一张丰盈的工作网。资金筹措、修复工程、修复监测如潺潺流水，建立了政府主导、社会多元主体参与、市场化社会化运行的生态修复长效机制。在资源开发的舞台上，多元主体齐聚，市场之花绽放。生态建设的诗篇朗朗上口，环境保护的画卷栩栩如生，社会的力量如春风拂面，赋予优质生态产品特有的价值。例如，有机产业发展领域，多元主体合作经营模式在政府的引领下，打破"小农生产"的魔咒，奏响了市场的华彩乐章。

三、生态产品价值共享 示范区助绿新生态

荷塘与神泉乡的寒山—棋盘山区域，如一副生动的画卷，融合着林业碳汇与水源地生态补偿的色彩。寒山宁静如云，湖面碧波荡漾，这是当地独特的风景；红色浓郁、绿色增收、古色添彩，化为文旅的灵感之源。这些独特的风景，成为湘赣边境生态产品价值共享共建的典范。依托云水莲坞生态旅游区，美丽的诗意在这片土地上娓娓道来。三产融合、农旅融合、景村融合的发展思

路如音符交织,让红色文化、宗教文化、影视文化在这里溢彩流光。观光、旅游、体验、禅修、康养、度假、商务编织成一张华丽的网,田园成公园,产品为礼品,民房变客房,莲花生态产品的价值实现和"全民共享"在此得以演绎。

图 6-18 垄上改编旧址(图片来源:莲花发布)

图 6-19 出征桥(图片来源:莲花发布)

第六节 制度化建设，
生态产品价值保障路径

  2023年，莲花县编制完成《莲花县生态产品价值实现机制的实施方案》，为生态产品价值的实现确立了坚实的基石，宛如"四梁八柱"，推动完成了生态产品价值实现的顶层设计，"六化"协同促进生态资源资产化、生态资产产品化、生态产品市场化，打造生态产品价值实现可复制、可推广的"莲花路径"。

一、自然资源确权兴 制度建设助绿色未来

  在自然的怀抱中，莲花县以率先的姿态，在莲江的涟漪中开展自然资源确权登记。莲江湖畔的一江两岸，孕育着丰富的生态产品，莲花县通过全面了解"一江两岸"生态产品数量分布、质量等级、功能特点、权益归属、保护和开发利用情况这一壮举，展示出对生态产品的深入洞察和细致关怀。自然资源调查的壮举，犹如大地上的华美舞蹈，以细腻的笔触描绘出莲花县对生态价值的珍视与呵护。莲花县以不动产统一登记为抓手，将自然资源的丰盈成果化为宝藏；将建立的信息平台比喻成串联起自然资源与

不动产的纽带，绘制出生态资产和生态产品目录清单这一画卷，展现了生态宝库的绚丽色彩。在这一壮举下，莲花县以自然资源确权登记为基石，利用智慧和激情，构筑起一座桥梁，把生态和发展推向更高峰。

二、绿色金融遍地开 制度建设助力可持续

微风拂过莲花县，绿色金融制度如一朵盛开的花朵，在这片土地上绽放。水权和林权等使用权抵押、产品订单抵押等绿色信贷业务，尝试着融合"生态资产权益抵押+项目贷"模式，如一曲优美的乐章，奏响绿色金融的旋律；古物贷、洁养贷等绿色金融信贷业务，别具一格，点亮了绿色经济的灯火；绿色产业发展基金、生态振兴专项基金和碳达峰碳中和转型基金，宛若春雨润物，为绿色经济注入源源不断的力量。这些制度的建设，犹如阳光穿越云层，唤醒了莲花县的绿色梦想。在这里，绿色金融与绿色经济交织成一幅美丽的画卷，为未来的可持续发展提供了华美的序语。

三、生态产品价值考核新 制度建设促发展

莲花县推进生态产品价值实现考核制度的建设，被纳入高质量发展综合考核指标体系中的GEP，如一颗璀璨的明珠，给绿色发

展带来了光明，增添了勃勃生机。"双考核机制"如同一把尺子，度量着生态产品供给能力、环境质量、生态保护成效等方面的指标。以铜为镜，可以正衣冠，莲花县的领导干部们以生态产品价值核算为镜，共同照亮绿色发展的道路。在这里，保护生态环境已经深入人心，"像保护眼睛一样保护生态环境，像对待生命一样对待生态环境"这一理念如清风拂面，唤醒了每个人对于生态的关注和珍视。如今的莲花县，正以优美的姿态，在生态产品价值实现的舞台上舞动。

第七章

生态产品价值实现模式

第一节 稻花香里说丰年，听取"哇"声一片：吉内得田园综合体多业态融合发展模式

一、案例背景

萍乡市莲花县高洲乡位于北纬27°大米黄金产区，森林覆盖率达82%，拥有天然富硒高山黑腐殖地土壤和罗霄山山脉流下的含硒山泉水，是孕育有机富硒好米的天然沃壤。吉内得实业的创业之路，自2010年开启，逐渐走出江西、走向全国。该公司传承和发扬传统稻米文化，在传播有机绿色理念与健康生活方式的同时，竭力打造"吉内得"富硒大米品牌。"吉内得"寓意"吉祥天宝·内在品质·德而有得"。

江西吉内得实业有限公司自2010年扎根莲花县以来，就投身农业生产，十余年间，吉内得公司从种下第一颗水稻老种子、开荒400亩起步，至今已在莲花县拥有5万余亩规模的优质常规水稻种植基地。从最初单一的粮食种植企业发展为集种植、养殖、育种、

加工、营销、科研及休闲农旅、研学体验、餐饮民宿、特色康养为一体的综合型农业企业，吉内得公司成为江西省林业和农业双龙头企业。2022年该公司自建基地和订单基地水稻种植总面积51000亩，销售收入超亿元。该公司还先后获得中国绿色食品博览会金奖、全国青少年儿童食品安全科技创新实验示范基地、全国就业扶贫基地、江西省现代农业示范园、江西省休闲农业示范点、江西社会责任企业、全国农耕文化实践营地、全国科普教育基地、国家级生态农场等荣誉。

图 7-1 吉内得国家稻田公园实景图

（图片来源：江西吉内得实业有限公司）

二、具体做法

一是优化种植加工生产销售流程,做大做强"吉内得"富硒有机大米。"吉内得"富硒有机大米核心基地位于萍乡市莲花县高洲乡,基地属丘陵地带,四面环山,昼夜温差大,土壤富含有机质和氨基酸等营养元素,罗霄山脉拥有富硒山泉水,空气负氧离子年平均3500个/立方米,年均气温为17—17.5℃,年降水量约1600毫米,自然环境优美、生态环境优越,得天独厚,其特有的光、热、湿、土壤等自然条件适合优良特色稻米品种种植。该基地面积11000多亩,其中8700多亩基地已达到绿色食品标准,获得中国绿色食品发展中心绿色食品认证证书,1100多亩已取得国家和香港双有机食品认证证书,成为供港产品,还获得了富硒产品和生态原产地产品认证。该基地拥有优良的储藏条件,采用最先进的储藏及保鲜技术,为保持稻米口感最佳,精确自然晾晒至稻米含水率15%—16%,有效保护每粒稻谷的胚芽活性,所有稻谷均带壳低恒温贮藏,确保稻米的新鲜和美味。出厂产品使用充氮或真空保鲜包装,最大程度杜绝陈化因素,降低大米营养物质流失的概率。拥有庞大的营销网络,"吉内得"富硒有机大米立足本省并在国内一、二线城市市场及香港市场都得到认可,在天猫、京东、拼多多、赣鄱正品、湘赣红区域品牌都设有旗舰店,并通过微信公众号、微信小程序、抖音号等新媒体进行推荐推广，还与中农工建四大国有银行、中信集团、民政部832扶贫平台、梦洁集团、十月妈咪集团等机构都有长期合作，构建起了全方位的营销网络。创新生产流程，坚持"土壤、水源、种子、种植、收割、存储、加工、包装、配送、营养"十大安全要素操作规范和流程，以"统一种子、统一农资、统一技术、统一管理、统一品牌、统一营销"六个"统一"为标准，实现从田间到餐桌有机大米安全生产全程无缝连接。建立有自有种植基地、自有品质种源、自有种植标准、自有低温仓储、自有精细加工的全产业链体系，并组建智慧农业物联网系统，实现了从田间到餐桌全程可追溯，坚守"生态、立体、循环"的现代农业发展理念，走上了生产订单化、产品优质化、全程标准化、营销品牌化的产业化发展新路。

图7-2 "吉内得"富硒有机大米生产实景图

（图片来源：江西吉内得实业有限公司）

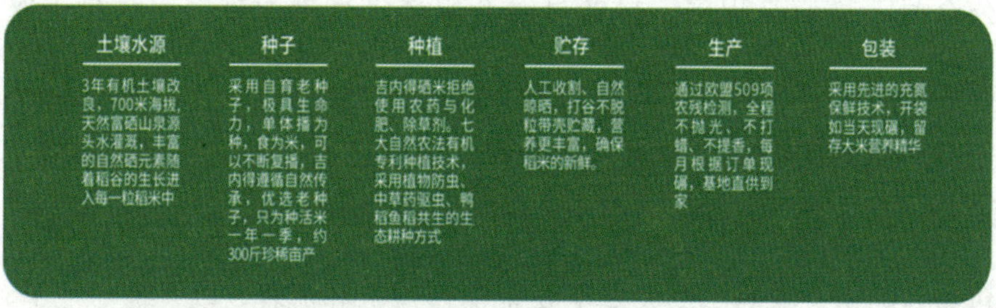

土壤水源	种子	种植	贮存	生产	包装
3年有机土壤改良，700米海拔，天然富硒山泉源头水灌溉，丰富的自然元素随着稻谷的生长进入每一粒稻米中	采用自育老种子，极具生命力，单体播为种，食为米，可以不断复播，吉内得遵循自然传承，优选老种子，只为中活米一年一季，约300斤珍稀亩产	吉内得富硒米拒绝使用农药与化肥、除草剂。七大自然农法生态专利种植技术，采用植物防虫、中草药驱虫、鸭稻鱼共生的生态耕种方式	人工收割、自然晾晒，打谷不脱粒带壳贮藏，营养更丰富，保留稻米的新鲜。	通过欧盟509项农残检测，全程不抛光、不打蜡、不提香，每月根据订单现碾，基地直供到家	采用先进的充氮保鲜技术，开袋如当天现碾，留存大米营养精华

图 7-3 "吉内得"富硒有机大米生产流程图

（图片来源：江西吉内得实业有限公司）

二是加强科技支撑与品牌增值，助推"吉内得"富硒有机大米实现生态价值提升与显化。院士团队技术引领，科研平台强力支撑。2010年至今，吉内得公司聘请中国工程院院士颜龙安等育种专家为公司技术顾问并签订了院士工作站合作协议；与中国农业科学院王汉中院士团队合作建立了500亩的富硒富锌油菜薹实验生产基地；与江西农业大学、江西省农科院、江西省超级水稻研究发展中心、江西省科技厅科技特派员团等科研机构建立了战略合作关系，组建了集种子选优、标准种植、技术服务、精深加工、包装储运、人才培养、科普教育为一体的科研合作平台；还与国家级协会平台中农协富硒委合作，为公司在高标准富硒示范基地建设、富硒产品防伪溯源和认证、品牌推广等方面提供了良好的专家和技术支持，为公司的发展提供了强有力的人才和技术支撑，为实现进一步的产业升级奠定了坚实的基础。"吉内得"

大米享誉国内，品牌效应日益凸显。2019年，吉内得大米成为"中国富硒农业示范项目"，并连续三年荣获"中国富硒好米"称号，2021年被中国林业与环境促进会授予"生态原产地产品证书"，荣获第十五届、第十七届、第二十届中国绿色博览会金奖，中国"最受欢迎的十大优质大米品牌"（中国"三亚"国际水稻论坛组委会），中国质量先锋产品，全国名特优新农产品等荣誉，2022年，被列入第二批全国名特优新农产品名录。

图7-4 袁隆平院士、王汉中院士指导"吉内得"大米种植

（图片来源：江西吉内得实业有限公司）

图 7-5 "吉内得"大米绿色安全认证与所获荣誉展示图

（图片来源：江西吉内得实业有限公司）

三是建立生态农旅产业融合体，协同推进吉内得国家稻田公园项目提质增效。吉内得公司在发展高品质原生态稻米产业的同时，积极发展农旅产业，从 2016 年起开始打造吉内得国家稻田公园项目。该项目以国家乡村振兴发展战略为指引，以传承发扬田园文化和农耕文化为目标，是一个集田园文化、农耕文化、稻米文化、休闲文化、生态文化、研学文化为一体的农旅产业融合体项目，主要由有机水稻种植区、绿色水稻种植区、鱼稻共生区、农耕文化体验区、乡村民宿区、大米精加工区、原生态老种子库、富硒地质博物馆、特色农副产品展示展销区等组成，融知识性、科普性、趣味性、互动性于一体，成为一个集农业大观园、教育大课堂、科普新阵地、生态会客厅、聚会大本营、休闲新体验为一体的综合性田园综合体，截至目前已累计投资 1.5 亿元。吉内得国家稻田公园所在地高滩村是 2024 年中国地质学会评为的全国唯一一个四星级地质文化村，高滩村还是中组部认定的"红色美丽村庄建设试点村"和江西省委组织部等四部门联合认定的省级"红色名村"。有秋收起义高滩行军会议旧址、王佐支部、红领巾丹勋营地莲花高滩站为代表的红色文化,同时还有以初祖祠、二房祠为代表的古色村落建筑文化。吉内得国家稻田公园科普基地的绿色生态与高滩村的古色村落以及红色文化交相呼应,年接待参观学习游客15万余人次,形成绿色、古色、红色三色共融,相互成就、相互促进。

图 7-6 吉内得国家稻田公园文旅项目展示图

(图片来源:江西吉内得实业有限公司)

四是创新利益联结机制,联农带农脱贫增收。吉内得公司采用"产业带动+就业帮扶+订单带动+土地流转让利"的全方面扶贫模式。在产业带动和帮扶方面,吉内得公司在江西农大专家团队的技术帮扶下,以"公司+合作社+农户"的模式,采取吸纳就业、订单农业、高标准农田建设、土地流转等方式,反哺当地，让科技兴农的发展成果惠及更多当地百姓。在吸纳就业方面，吉内得公司每年积极聘请当地农民务工，重点以贫困户优先，分为固定工、长期用工、散工，共提供就业岗位 1200 余个，聘用参与生产管理人员 107 人，其中贫困户 27 人。为吸引更多的优秀青年返回家乡，建设家乡，在江西农大、市县等相关部门的支持下，吉内得公司以技术培训、营销支持、资金支持等方式，帮助众多年轻人实现返乡创业。在订单生产模式带动方面，吉内得公司共在莲花 9 个乡镇实施优质水稻订单面积 4 万余亩，以垫资方式提供优质水稻种子、农资化肥（低于市场采购价）等，从而在莲花县实施优质水稻订单农业，提供免费的水土检测，并进行免费的技术指导服务，在收购时统一以高于市场 8% 的价格进行收购，一方面帮助种粮大户减轻资金投入，另一方面帮助其增加收益。在土地流转方面，吉内得公司以租赁形式流转土地 10000 多亩，流转费用每年 420 元 / 亩。水稻收割后，以"租地返种"的模式，将流转的土地免费提供给农户种植，并免费提供油菜种子（贫困户优先），收成后除农民留足自用外，公司全部以高于市场 8% 的价格进行回购。

三、主要成效

一是生态供给增加，生态效益显现。通过政策、科技、资金等支持,"吉内得"富硒有机大米的种植数量和产品质量大幅度提升。江西吉内得实业有限公司自 2010 年扎根莲花县以来,从试种 400 亩水稻起步,发展到目前的 54000 亩优质常规水稻,"吉内得"富硒有机大米产量稳步增加。坚持人工除草,绝不使用除草剂,通过有机技术培育肥力逐年增加,以富硒山泉水灌溉;在抵御病虫害方面,运用鸭田共生、鱼田共生的生态模式,有效防治病虫害的同时产生附加价值,"吉内得"富硒有机大米绿色健康品牌反响热烈。

二是助力脱贫增收,社会效益显著。发展订单、流转水稻种植 4 万余亩,订单油菜 3.2 万亩,辐射和覆盖莲花县多个乡镇,扶持种粮大户 40 多家,带动 165 户脱贫户,1700 多户农户稳定就业。通过免费提供种苗、农资垫付、高于市场价 8% 收购等措施,带动农户 3657 户,户均增收 1.2 万元,2017 年被国务院授予"全国就业扶贫基地"称号。吉内得公司立足实际,整合资源,采取多种形式助力脱贫攻坚,实现了企业发展与贫困群众增收双赢。

第二节 肉牛变身振兴牛，农户奔上致富路：胜龙牛业生态循环农业价值实现模式

一、案例背景

　　江西胜龙肉牛养殖产业化联合体成立于2020年3月10日，是由国家级农业产业化重点龙头企业江西胜龙牛业有限公司、莲花县瑞泰农业专业合作社、莲花县新胜农业专业合作社、莲花县良坊镇翔发农业专业合作社联合社等单位协商成立的，其中莲花县良坊镇翔发农业专业合作社联合社是由莲花县燕金农民专业合作社、莲花县言坑种养农民专业合作社、莲花县良坊全富种养农民专业合作社、莲花县田心村富美家农民专业合作社等20个农民专业合作社发起的。联合体涉及莲花县良坊镇布口村、新田村、下布村等24个自然村。

江西农业农村．胜龙牛业：肉牛变身"振兴牛"农户奔上"致富路"［EB/OL］．(2023-03-15)[2024-04-06]． https://mp.weixin.qq.com/s/vFC5DmN6xLhG3a5Dwwulpw.

图 7-7 莲花县肉牛养殖智慧产业园

（图片来源：莲花发布）

图 7-8 江西胜龙牛业牧场风采

（图片来源：江西胜龙牛业有限公司）

联合体以科技为先导、以市场为导向、以肉牛养殖业为基础，积极推动农业产业化经营的进程，优化资源配置，互联互通，拓宽农产品流通渠道、农业融资渠道，增强联合体成员抗风险能力，保障联合体资产增值增效。联合体业务范围涵盖犊牛、种植、养殖、技术服务和销售服务。江西胜龙肉牛养殖产业化联合体是基于江西胜龙牛业有限公司旗下有机肥生产、牧草种植、良种繁育、肉牛养殖、屠宰分割、牛肉深加工、冷链物流、连锁专卖、品牌运营等产业链全面发展的情况下建立的，从牛犊采购、饲喂精料、饲养方法到防疫监管、技术服务、育肥牛回收，全程为养殖户提供服务。联合体在坚持降低农户风险、保证农户利润的原则下推出"龙头企业＋基地＋合作社＋农户"的养殖架构，公司与农户签订合作协议，由农户自备圈舍和养殖设备设施及人力，公司统一采购犊牛、统一饲喂精料并进行技术支持；达到出栏标准后进行保底价回收，养殖户根据生产成绩获得相应利润，保障合作社与养殖户实现双赢。

图 7-9 江西胜龙牛业全产业链

（图片来源：江西胜龙牛业有限公司）

联合体积极推行"牛—粪—草—牛"的胜龙牛业生态循环农业价值实现模式，大力发展肉牛养殖、牧草种植，带动农民增收增效，并取得了良好的经济效益。2022年，联合体农业经营主体的销售收入合计达到 3.8 亿元，核心龙头企业年销售额达到 3.4 亿元。

二、具体做法

联合体成员以"一控两减三基本"为建设现代生态共同目标，努力实现控水节水，逐年减少化肥农药的施用量，打造绿色水稻品牌，推进稻秆还田的循环利用，形成良好的生态效益。

一是发展土地适度规模经营。引导土地经营权有序流转，鼓励农户以土地经营权、资产、设备等入股合作社，发挥规模农业产业化经营。支持生产、养殖、加工、服务、采销等成员单位之间协作，为农户提供统防统治、代收代储等社会化服务。

二是引导资金有效流动。龙头企业发挥自身优势，为合作社和农户发展农业生产经营提供资金垫付等服务。以合作社为依托，稳妥开展内部信用合作和资金互助，缓解农户生产资金短缺难题，引导成员单位及农户完善自我管理，提高抗风险能力。

三是促进科技转化应用。在北牧南移的大背景下，南方肉牛产业市场潜力巨大。江西胜龙肉牛养殖产业化联合体以抢占南方肉牛产业高地为目标，依托胜龙牛业为龙头带动，聚力打造三产融合发展的全产业生态链。进一步加强与江西农业大学博士工作团队长期入驻中心实验室的合作，充分利用联农带农机制，为成员提供技术指导、技术培训等服务，向合作社和农户推广新品种、新技术、新服务，提高联合体协同创新水平。对全县肉牛养殖进行日常数字化管理和技术指导培训，提升全县肉牛养殖规模化、现代化水平，实现全县牛肉产量、品牌市场和养殖效益翻番的发展目标。

四是加强市场信息互通。江西胜龙牛业有限公司积极探索市场需求，捕捉市场信息，依托联合体内部沟通合作机制，将市场信息传导至生产经营环节，优化养殖结构，实现农业供给端与需求端的有效匹配。积极发展电子商务、直供直销等，开拓联合体产品销售渠道。强化信息化管理，把联合体成员纳入企业信息管理体系，实现资金流、信息流和物资流的高度统一。

五是推动品牌共创共享。联合体内部统一技术标准，严格控制生产养殖过程。建设畜禽健康及质量安全追溯系统，纳入国家质量安全追溯管理信息平台。增强品牌意识，龙头企业协助合作社和农户开展各项标准化认证或示范申报，培育特色品牌。组织成员单位积极参加多层级农业产业化交易会及各类展示展销活动。联合体整合品牌资源，探索设立共同营销基金，统一开展营销推广，打造联合品牌，授权成员共同使用。

六是提升产业链价值。联合体围绕主导产业积极发展绿色农业、循环农业和有机农业。推动科技、人文等要素融入，发展智慧农业、智能牧场、云养殖等新业态。江西胜龙牛业有限公司在研发设计、生产加工、市场营销等环节，积极利用互联网、物联网等新一代信息技术，提高全产业链的智能化和网络化水平。

七是促进互动服务。江西胜龙牛业有限公司在犊牛提供、饲

品牌优势
全产业链

1. 从牧草种植到终端销售，每个环节都严格把控
2. 确保品质稳定，供应稳定，价格稳定
3. 不是每家的新鲜牛肉，都产自自家牧场
4. 从牧场到餐桌，全链经营，一牛一码，安全可溯源
5. 采用分阶段养殖模式
6. 先自由放养，强健骨骼
7. 后小栏散养，增长体重，嫩化肉质
8. 连续四年获得有机认证证书

图 7-10 江西胜龙牛业品牌优势

（图片来源：江西胜龙牛业有限公司）

料供应、物资采购、疫病防治、技术培训、市场销售等方面与各项生产经营服务相结合，全方位适度提升合作社与农户规模经营水平。在联合体内部形成服务、购销等方面的最惠待遇，并提供必要的便捷服务，让各成员分享联合体机制带来的好处。

八是推动股份合作。鼓励联合体成员互相入股，组建新主体等新型联结方式，实现深度融合发展。引导农民以土地经营权、设施设备等入股企业、合作社，采取"保底收入+股份分红"的方式，让农民以股东的身份获得收益。

九是实现共赢合作。遵循市场经济规律，妥善处理好联合体各成员之间、与普通农户之间的利益分配关系。创新利益联结模式，促进长期稳定合作，形成利益共享、风险共担的责任共同体、

经济共同体和命运共同体。龙头企业加强订单合同履约监督，建立诚信促进机制，对失信者及时向社会曝光。

三、主要成效

一是经济效益。通过创建江西胜龙肉牛养殖产业化联合体，新品种、新技术、新设备、新方法得到大力推广，农产品规范化建设取得明显成效；肉牛产业链进一步延伸，农产品附加值不断增加，形成稳定的现代农业经营管理体系，农民全程参与农业产业经营，并分享产业发展带来的红利，辐射带动全县一、二、三产业交叉融合快速发展；各级财政及社会资金不断注入，本地龙头企业带动作用不断增强，使优势农产品及其加工业初具规模化、产业化、品牌化，农业产值、农产品加工业产值年增长率将达10%以上。同时，以肉牛养殖为核心，带动果蔬、粮油、花木、畜禽等农产品的加工能力和科技含量快速提升，使品牌无形资产进一步提高。

二是社会效益。有利于促进农村劳动力就业和增加农民收入，有利于改善"三农"的生产生活条件，有利于促进新农村建设和城乡一体化进程，摘除贫困村帽子，减少贫困人口，有利于莲花县人民生活水平的提高和社会的繁荣安定，为当地的建设和社会发展注入新的动力。江西胜龙肉牛养殖产业化联合体通过"龙头

第七章 生态产品价值实现模式

图 7-11 扶贫牛助力贫困户增收脱贫（图片来源：莲花发布）

企业+基地+合作社+农户"的产业化经营架构，实行"牛—粪—草—牛"的生态循环农业价值实现模式，户均能够年增收 1000 元以上；联合体积极动员和组织当地群众以入股、参股、合作经营等多元化方式参与肉牛养殖，通过政策扶持、项目引领、新型经营主体带动，不光实现了肉牛产业规模与效益不断提升，还有力地促进了贫困户增收脱贫。

三是生态效益。以生态保护为基本原则，通过充分考虑资源与生态环境的承载力，合理布局养殖场位置，远离生态保护区等重要区域。以健康养殖的理念发展规模化生产基地，改变传统一家一户养殖方式，推广先进清洁生产技术，有效降低规模养殖场对周边环境的影响，助力美丽乡村建设。强化养殖粪污与种植业秸秆的相互结合，促进粪污秸秆的资源化利用，生产有机肥等产品，实现农牧循环发展和产业绿色可持续发展。

第三节 莲花血鸭香飘四方，产业发达赞声扬：莲花血鸭生态价值全产业链融合模式

一、案例背景

在江西省萍乡市莲花县，无辣不欢的当地人，将当地特产的鸭子，用独特的烹饪方式，做出了一道色美味香、鲜嫩可口的民间特色菜——莲花血鸭。目前，莲花血鸭被成功纳入2022年首批全国预制菜（预制农品）登录宣展名录。2023年中央一号文件首次将预制菜写入其中，提出"培育发展预制菜产业"。以此为契机，莲花县抢抓产业"风口"，着力提升莲花血鸭预制菜产品的识别度，从品种培育、种养基地、专业屠宰、中央厨房、冷链配送和渠道、终端用户开拓、线上销售等各环节突破，打造出一条完整的产业链。如今，当地人正紧跟市场，制定地方标准，并通过预制菜形式跑冷链、进超市、上网店，让莲花血鸭走出小县城，撬动县域经济社会转型升级。目前，全国有上百家莲花血鸭品牌实体餐饮店和

十余家莲花血鸭预制菜生产企业。

　　莲花县莲发集团通过增资扩股的形式向三三集团增资1000万元，成立"江西莲花血鸭农业发展有限公司"（江西省龙头企业）。该公司以基地建设为依托，采用"合作社+基地+农户"的模式，养殖莲花血鸭所需鸭、鸡等禽类，种植辣椒和富硒的瓜果、蔬菜、大米等，为二、三产业提供前端产品，围绕集约化经营，发挥标准化基地示范带动作用，为二、三产业提供充足的绿色农产品供应，为实现集团内"种、养、产、供、销一体化"做出努力，实现莲花血鸭一、二、三产业全链闭环项目。

二、具体做法

　　一是建立血鸭产种养殖基地，莲花血鸭产种养殖基地位于江西省萍乡市莲花县高洲乡黄天村，稻鸭共生基地近300亩，鸭苗孵化室一间，套鸭舍60间，配有专业的喂食容器、排污设备及麻鸭初加工设备。

第七章 生态产品价值实现模式

图 7-12 制作莲花血鸭的本地麻鸭

（图片来源：莲花发布）

二是打造标准化示范基地，引领带动广大农户参与到养殖及种植中来。发挥技术带动作用，通过技术引领和示范带动，让越来越多的农户积极参与到产业发展中来。发挥产业带动作用，通过巩固莲花血鸭产业中心定位、做强莲花血鸭品牌、拓宽营销市场、推进莲花血鸭产品深度开发等有效举措，提升莲花血鸭产业的核心竞争力。

图 7-13 莲花血鸭产业园（图片来源：莲花发布）

三是运用工业化思维做农业，通过专业化生产，不断拓展人才培养渠道和强化科技转化、加大宣传推介力度，让莲花血鸭名扬四海。以专业化人才培养为目标，抓好莲花血鸭产业学院的创建工作，构筑现代企业培训体系，实施人才战略工程，努力打造与莲花血鸭产业发展相对接的具有特色竞争力的专业队伍，为旗下各公司从事三大产业开发提供人才保障。

四是加速科技转化，提升食品加工技术水平，建立检测检验论证中心，确保食品安全。聘请专职技术人员，研发以莲花血鸭为品牌的莲花血鸭系列产品：①以莲花血鸭煲仔饭为主的美食快餐系列；②生鲜莲花血鸭菜包及莲花血鸭辣酱包系列；③莲花血鸭乡村休闲小吃系列；④健康富硒的土特产系列。通过搭建线上线下双营销平台，经各大商超渠道、电商平台、各类移动新媒体

第七章 生态产品价值实现模式

等销售到全国各地的客户手中。从而,真正让莲花血鸭这道地方特色名菜声名远播,名扬四海。

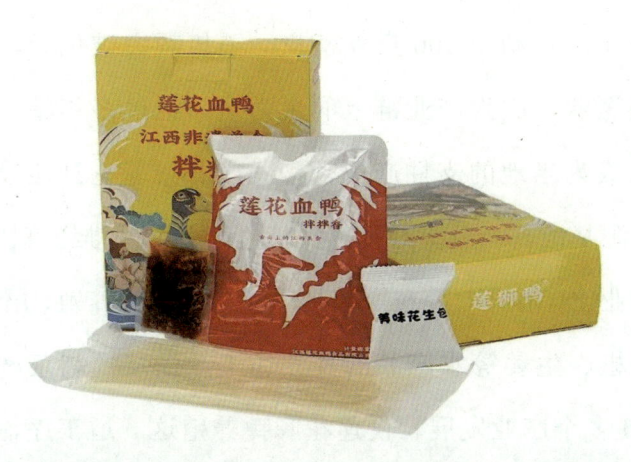

图 7-14 "莲花血鸭"系列产品(图片来源:莲花发布)

五是通过"文旅"加"农旅"模式将基地建设与休闲农庄相结合。充分利用革命老区丰富的红色文化资源,结合种养基地内田园、茶园、果园的绿色资源,将种养基地农庄化,使其成为红色、绿色兼具,文旅、农旅并存,山上有茶果,田园有稻蔬,水面有鱼鸭的休闲娱乐、旅游观光胜地。莲花血鸭全产业链将在奋力推进"五区"建设、打造"最美转型城市"中发挥重要的力量。

三、主要成效

　　以"公司+合作社+农户"模式主导的江西莲花血鸭农业发展有限公司,带动了200户养殖户,销售额突破亿元,被评为江西省龙头企业,成为产业链上的主力军。经过多年精心培育,莲花血鸭已成为当地的支柱产业、富民产业。莲花县还设立了"莲花血鸭溯源基地",以更好地保护特色产业,助推经济快速发展。

　　在产业化运作下,莲花血鸭带动莲花麻鸭的养殖、屠宰、加工,糯米、辣椒、生姜等农产品的种养加工,以及预制菜产业、物流运输等20多个产业发展。仅莲花麻鸭养殖这一道工序,就让养殖户的净收入从2万元增至2.6万元,同比增长30%。越来越多的企业和个体户加入莲花血鸭的推广大军,越来越多消费者对莲花血鸭青睐有加,莲花血鸭已演变成致富一方、惠泽乡里的大产业。

第四节 秸秆再生利无穷，绿色循环展新容：秸秆产业化利用模式

一、案例背景

  风吹稻浪香，颗粒归仓忙，又到了一年水稻收割季。金黄的稻谷在阳光的照耀下犹如璀璨的金色海洋，微风拂过，稻浪翻腾。成块连片的晚稻，稻穗颗粒饱满，沉甸甸的，坠弯了稻秆，空气中弥漫着阵阵稻香。工人们驾着收割机在金灿灿的稻田里穿梭着，

图 7-15 成熟的水稻（图片来源：莲花在线）

图 7-16 秸秆打捆、装袋（图片来源：莲花在线）

轰鸣声中一茬茬水稻被"收入囊中"，伴随着马达的轰鸣声，割稻、脱粒、装袋……现场一片繁忙的景象，丰收的喜悦在空气中弥漫开来。

在浓浓稻香缭绕之下，留在田野上的秸秆，在日晒雨淋下变得愈发枯黄，秸秆的去处成了亟待解决的难题。众所周知，要打造一个生态绿色的名县，推动循环农业的发展至关重要。而秸秆的综合利用则是循环农业不可或缺的一环。同时，秸秆若无妙用则成为污染之源，但一旦巧妙利用则化作无尽丰盈之宝。为了推动秸秆的有效利用，莲花县开展了一场浩浩荡荡的秸秆综合利用活动，提高秸秆综合利用水平，加快秸秆产业化进程。各地纷纷施展才华，以呵护莲花县蓝天白云为己任，为秸秆综合利用事业贡献出更深厚的力量。人们用手中的智慧与创造力，用这些秸秆创造了绿色的乐园。

二、具体做法

一是秸秆饲料化。秸秆饲料化正以生机勃勃的姿态在各乡镇展开着,在六市乡山口村,吉鼎生态"振兴牛"养殖基地拔地而起,为乡村振兴打下坚实基础。利用先进的秸秆打捆机,农民将废弃秸秆巧妙转化为可储存的饲草料,并以"秸秆供牛产业、牛粪供果蔬肥"实现生态循环;南岭乡则力推湾源和超村两个肉牛养殖场使其发展壮大,同时推进十余家养牛散户的养殖规模的扩大,形成了一张巨大的肉牛产业网;莲花县农业发展投资有限公司建起一座饲料加工厂,用精湛的技艺将回收的秸秆通过青贮的方法变成美味有营养的饲料,迅速供应全县养牛场。这种秸秆饲料化的探索,无疑开辟了一条绿色发展的新道路,在莲花县的大地上绽放出绚丽的生态画卷。

二是秸秆肥料化。六市乡坚持"离田+还田"的发展舞曲,唱响农业优先、还田利用的乐章。这里有着丰富的资源,有着科学的调配。全乡农机合作社的肩上扛起了秸秆还田的重责。三板桥乡展示出独特的魅力,在收割机的旋律下,油菜脱粒与秸秆粉碎的舞动,不仅传递着土地肥力的蜕变、土壤物理性状的重塑、节本增效的荣耀,更是将秸秆焚烧的尘埃远远抛却,迎来了环境纯净的崭新黎明。秸秆以其馨香谱写着大地的乐章,农民用汗水浇灌着作物的芬芳。在美妙的旋律中,秸秆灿烂地展示出生机,秸秆肥料化将乡村的未来点亮。

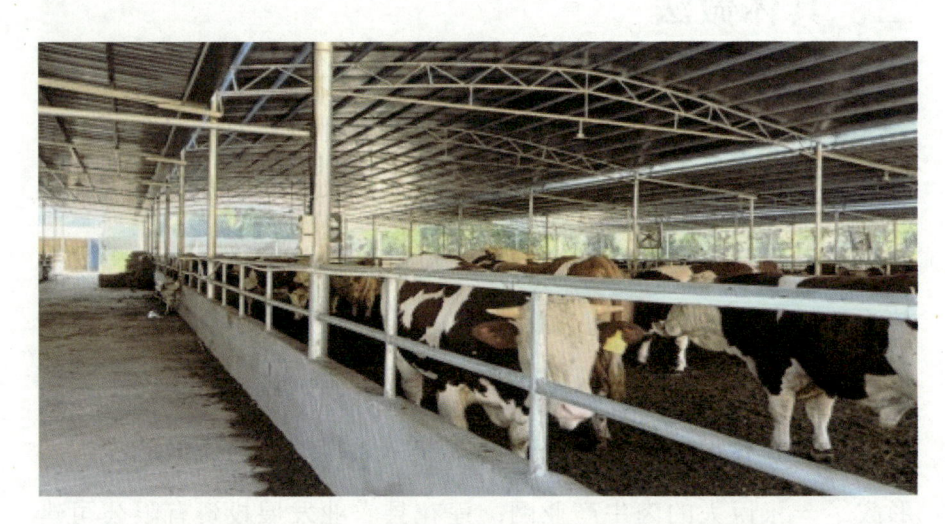

图 7-17 六市乡养殖场（图片来源：莲花在线）

图 7-18 神泉乡养殖场（图片来源：莲花县农业农村局）

第七章 生态产品价值实现模式

三是秸秆基料化。秸秆基料化是南岭乡的一道风景线，例如超村成立的"莲花县生源食用菌种植合作社"。在这个充满魅力的地方，他们将秸秆的价值重新定义，探索食用菌产业的奥秘，巧妙地将制菌包与秸秆通过科学配比融合在一起。在制菌包的引领下，当初干燥枯黄的秸秆早已恢复最初的绿意。秸秆在食用菌产业中舞动着，让人感受到自然的韵律，体会到农民的智慧。

图 7-19 农户们正在回收晒干的秸秆（图片来源：莲花发布）

199

莲花县的未来必有秸秆书写的诗篇，秸秆燃料化的火花将熊熊升起，引领着一片绿色能源的新潮流；秸秆原料化也将装点城乡的角落，点缀各家的温馨。秸秆综合化利用将引领着莲花县迈向繁荣的未来。

三、主要成效

一是经济效益。秸秆，化身成饲料的香甜味道，给牲畜的重量带来了不断增长；秸秆，化身成肥料的魔力，使得农作物生机勃发；秸秆，化身成基料的神奇，开启了农民的财富之门。整个县域种植的 20 万亩早稻、中稻秸秆，通过回收利用，为农民们带来了 2000 多万元的收入。这笔额外的收入不仅改善了农民们的生活条件，让他们的生活更加富足与美好，也增强了他们对农业产业的信心和热情。在这片富饶的土地上，农民与秸秆共舞，绘就出一幅幸福与丰收的画卷。

二是生态效益。环境的污染得以减缓，农民不再随意焚烧秸秆，空气中的悬浮颗粒减少，大气质量得到了改善，清风带来的是清新的空气；火灾的隐患渐渐减少，肆意飞舞的火团渐渐沉寂，取而代之的是安宁与宁静；对土壤的呵护使得营养精华得以保存，土壤结构渐渐优化，为农作物的成长创造了更好的条件，成就了农田丰收之梦。秸秆的利用铺就了绿色之路，生态奇迹在我们面前上演。

三是社会效益。当秸秆被加工成宝贵的资源，一扇扇机会之门为居民打开，蓬勃的就业机会撩拨着他们的期待，舞动着梦想的旋律；减少秸秆燃烧，会让烟尘散去，蓝天无限，民航傲然展翅飞翔于天空中，道路上，车流安静又宁祥，世界更加宜居，人与自然和谐相伴。

第五节 守护一方沃土，共建美好家园：莲江湿地公园生态综合治理与提升模式

一、案例背景

江西莲花莲江国家湿地公园（试点）位于江西省莲花县，总面积755.07公顷，湿地面积622.34公顷，湿地率82.42%，分为永久性河流、洪泛平原、库塘和荷田4种湿地类型，优美的生态环境和优质的管护使这里成为动植物汇集的宝地。莲花县还是鄱阳湖生态经济区与长江中游城市群的重要组成部分，这些国家试点示范发挥政策协同效应，为推动莲花县加快转型发展，创建生态文明示范区凝聚了强大合力。借助国家水污染防治和打好污染防治攻坚战等系统工作的改革春风，对区域生态环境和水环境开展积极富有成效且深入细致的保护工作，将为回馈老区人民、夯实生态扶贫的治理根基奠定坚实的基础。

图 7-20 莲江湿地公园部分情况（图片来源：莲花发布）

二、具体做法

一是河床生态修复。通过人工湿地处理技术、稳定塘、土地处理系统、植物生态沟渠、水生植物立体构建技术、塘—湿地组合水质净化技术等进行生态环境修复。同时，莲江湿地公园以增加生态产品为主要目标推进湿地综合整治。在开始生态修复时，首先对水土污染进行整治，并设置排污渠道，将污染降至最低，为开始新的用地建设项目奠定基础。其次，平整因土地塌陷造成的坑洼不平，提高土地成片覆盖率并种植合适的植物，坚持塌陷地整治与生态综合治理相结合。最后，对塌陷村庄进行综合整治和搬迁，将原来分散、占地面积大的村庄老址通过科学规划、合理布局建设成新农村，提升居民生活品质。

7-21 莲江湿地公园治理参考图（图片来源：莲花发布）

二是水质净化。以控源截污和内源治理为基础，生态修复为保障，通过全食物链生态系统构建、水动力循环、控藻等工程技术应用，削减外源、内源污染。实施复合型生态护岸，以水系连通工程为框架，增加连通设施，促进景观生态协同，提升整体水环境容量，提升水体自净能力，丰富生物多样性，增强水生态结构稳定性，形成以多块湿地为骨架串联水体生态廊道，实现"城水相依·共境以融"的治理目标。通过增加水净化处理空间、防洪和休闲娱乐等多重功能，优化土地利用，增加人与自然的互动，将防洪功能自然化，保证湿地公园行洪安全，最大限度地发挥湿地景观价值。通过再生水、雨水和低污染水协同净化，充分利用外源补水、雨水、污水处理厂再生水等多种非常规水源进行水体补水。

三是水质监测。随着信息技术的发展，遥感和无线传感器技术已应用于城市水体监测，能够快速获得河流、湖泊等水体的宏观水文水质数据。中国针对水体监测需求研发了污染溯源预警仪、特征污染物监测仪等设备，提升了国产溯源预警设备的精度、准确度及市场占有率。为全面了解、及时掌握施工区的环境污染程度、污染范围，以便做好施工区的环境管理和保护工作，拟在工程区设立环境监测点。监测任务由具备资质的相关行业部门、监测单位承担，由工程环境管理部门布置、组织和实施。除科技监测手段外，应另招聘附近村庄内的村民进行定时巡查，将水质污染或其他环境污染现象及时上报。

四是湿地景观开发。在湿地景观开发方面，修复实践主要以莲江湿地为主要湿地景观区域，重点发展乡村旅游业。在景观上打造水、陆两种生态空间。水空间通过种植芦苇、水杉等植物吸引鸟类栖息；陆空间通过种植乔木、灌木等易生存的植物重塑脆弱的生态系统，修复受损环境。通过水陆并举，丰富区域内物种多样性，形成生态效能。莲江湿地公园的湿地景观开发不仅改善了周边村庄的环境质量，也促进了乡村振兴。

三、主要成效

一是生态向好，持续提升优质生态产品供给能力。随着莲江湿地公园保护重点工作和区域生态保护修复的深入推进，保护湿地、溪流、水生生态系统及濒危物种，推动政府实现湿地"零净损失"的目标。湿地公园的天然芦苇荡、湿地灌丛、区域内芦苇、菖蒲等植物生长茂盛，白鹭、鸬鹚等野生动物活动频繁，已成为鱼类、迁徙鸟类的重要栖息地和产卵场，水质水量也得到了改善。

二是机制向稳，持续提升生态产品价值实现能力。以"高端产业进、低端产业退"倒逼企业转型升级，大幅提升产业用地亩均效益，带动生态修复区域的土地增值和生态产品价值外溢。主动融入周边城市生活圈，积极发展以莲江湿地公园为服务对象，以生态旅游、平台经济、枢纽经济为龙头的"生态＋旅游"和"生态＋文化"等生态型产业和新兴产业，充分实现"好山好水好风光"的内在价值。

第六节 立足生态优势，做足林下文章：中草药林下经济种植模式

一、案例背景

近年来，莲花县积极践行"绿水青山就是金山银山"的发展理念，以林长制工作为抓手，依托丰富森林资源，在守住"绿水青山"的同时，深挖"金山银山"的生态产业，大力发展林下种植业，因地制宜推广林药、林苗等种植模式，在助力乡村振兴产业发展中探索出一条林区经济转型高质量发展新路子。

莲花县林下经济产业以种植药材为主，分别有草珊瑚、黄精、车前草、菊花、桔梗、白芷、金银花、白芍等品种。莲花县与省内外多所科研院所合作，致力于建设全省乃至全国中药材生产示范县，引领中药材产业走向规模化、集约化、标准化，逐步建立起林下经济发展主模式，以绿色、有机、循环、高效的复合林业经营为主渠道，打造高质量道地药材品牌。其中莲花县常青种养

7-22 村民在种植药材（图片来源：百度）

专业合作社林下生态种植的草珊瑚特色药材和黄精"赣食十味"药材基地，正成为全县中药材产业发展的核心引领示范基地。

7-23 草珊瑚（图片来源：百度）

二、具体做法

一是采取"公司+基地+农户"的市场化运作方式。莲花县依托林长制加大种植、养殖、生态旅游、产品加工等产业与林业生态的融合力度,大力推广"合作社+基地+农户"的市场化运作方式,营造了合作社带大户、大户带小户、千家万户共同参与发展林下经济的良好局面。

图 7-24 村民在观察中草药长势(图片来源:百度)

通过"合作社+基地+农户"的运作方式,村民将土地流转给合作社并获得流转租金,合作社将土地建设成种植基地。在种植发展规模上,合作社采取"统一供应种苗,统一种植标准,统一市场收购,统一集中种植"的模式,技术成熟,销售渠道稳定,农户参与的积极性高。现已发展中药材基地6000余亩，做到了以人为本，绿色、环保、无污染、原生态为原则，带动基地当地农户脱贫致富。

二是以林长制为抓手。莲花县全面落实《江西省林长制条例》，及时完善《莲花县林长制工作实施意见》等各项制度，对各级管护网格人员职责及协作流程进行了全面规范，厘清职责关系，做到各司其职、协作联动，实现了管理有章法、护绿有规矩、生态有保障。按照"县里直接领导、乡镇组织实施、村组具体操作、部门搞好服务"的工作机制，将做大做强林下经济产业列为期内重点工作，各乡镇签订目标责任书，实行责任推进，年终严格奖惩。同时，县政府每年筹措林下经济发展资金，专款专用，统一管理，将林业、农业、水利、扶贫等项目资金进行捆绑，按照要求优先扶持林下经济发展，金融机构扩大林下经济发展信贷额度，保障林下经济稳步快速发展。

三是加强林业建设的管理与监督。莲花县践行"三分种、七分管"的理念，采取种植承包经营，健全"多主体、长时效"管护机制，将17个县级林长、178个乡级林长、291个村级林长、36个基层监管员、590个集体山场专职护林员、96个国有林场护林员网格化分布在全县森林中，把生态护林员打造成既是山林巡护员，又是森林经营主体监督员、林木经营状况信息收集员。同时扎实推进乡（镇）、村林长制示范点建设，积极开展生态护林

图7-25 中草药种植合作社（图片来源：莲花发布）

员培训，强化护林员App巡护监管，营造了林业资源、绿色发展、生态振兴齐抓共管的大管护格局。

三、主要成效

莲花县的林下中药种植，通过"统一供种、统一技术辅导、统一收购"的经营模式，现已发展中药材基地6000余亩，做到了以人为本，以绿色、环保、无污染、原生态为原则，带动基地当地农户脱贫致富。目前，全县有林业产业公司2个、专业合作社32个、家庭农场4个、国有林场2个，其他各类林业散户975个，全县林业经济年增长速度保持在26%以上，国家级林下经济龙头企业1个、示范社1个，省级示范基地2个，生态优势成为当地经济和社会发展的原动力。

据不完全统计，莲花县林下经济种植面积2.8万亩、林下养殖1.4万亩、采集加工0.6万亩、森林景观利用0.5万亩。林下养殖达22.9万只，相关产品采集加工量为765吨。林下种植产值27576万元、林下养殖产值8966万元、相关产品采集产值1659万元、森林景观利用产值1336万元，林下经济产值占全县林业总产值的22%。全县参与林下经济发展的农户为7812户，其中脱贫户1596户，共计30930人。

莲花县牢固树立"绿水青山就是金山银山"的理念，始终坚持走"生态立县，绿色发展"的路子，像爱护自己的眼睛一样呵护青山绿水，打造生态品牌，推出施行了林长制、自然资源资产清查核算等一系列生态保护政策，走出了一条莲花特色的可持续绿色发展之路，映衬出莲花的优良生态。多年的努力，生态优势已成为莲花经济和社会发展的原动力，并荣获"江西省首届十佳绿色生态县""国家生态文明建设示范县"等荣誉，成就了莲花"生态立县，绿色发展"之路的坚守。

第七节 废矿修复满眼绿，产业导入绿生金：废弃矿山生态修复与价值提升模式

一、案例背景

莲花县矿产资源丰富，是全国100个地方重点产煤县之一。矿产资源有20余种，尤以无烟煤、铁矿石、石灰石、黏土为主，其分布广、储量大、品位高、易开采。初步探明无烟煤和铁矿石储量均在1亿吨以上，其中无烟煤含煤面积达575平方千米，是江西省四大重点产煤县（市）之一。石灰石储量居江西各县（市）前列，遍及全县，储量在45亿吨以上。另外，磷、硫、锰、钨、白云岩、粉石英、大理石等矿产储量的开发利用前景可观。但历经长年的开采之后，县域范围内的矿区山体植被遭到破坏，矿山创面区域险象环生，存在崩塌、滑坡、泥石流等地质灾害隐患，不少矿区被政策性关停，遗留下113座废弃露天矿山裸露土地创面，积累了一定的矿山地质环境问题，主要表现为矿山在基建和采矿

过程中，造成地形、地貌景观、植被、耕地的破坏和损毁，厂矿设施和固体废弃物的堆放、地面塌陷及次生地质灾害等造成的土地占用和损毁，成为生态环境保护的一大痛点。

图 7-26 废弃露天矿山生态修复（图片来源：莲花发布）

为此，莲花县将废弃露天矿山生态修复建设作为推进生态文明建设的重要试点工程，项目覆盖全县113座废弃露天矿山，坚持尊重自然、顺应自然、保护自然，因地制宜、因矿制宜，充分制定了节约优先、保护优先、自然恢复为主的治理方针。通过创新实施矿山生态修复工程，采取"业主投入、企业运作"方式，引入民间资本1.4亿元，聘请有资质的企业统一实施科学修复，修复工作按照一矿一策。目前已修复露天矿山 80 个，修复面积 2130 余公顷，占总面积的 46.6%，入选全省国土空间生态修复试点县创建单位，生态产品供给能力得到极大改善。同时，各乡镇积极探索"生态修复＋产业导入"等矿山修复生态产品价值实现模式，让废弃矿山重焕生机。改善了矿区及周边的生态环境，消除各种污染物对生态环境的影响，恢复矿区土地使用功能，真正实现社会效益、生态效益和经济效益的有机统一，使人民群众真正提升获得感、幸福感、安全感。

二、具体做法

一是制定矿山生态保护修复规划。莲花县认真谋划矿山生态保护修复，《莲花县矿产资源总体规划（2021-2025 年）》提出，坚持"政府主导、部门配合、企业负责、社会监督"的总方针，坚持"预防为主、防治结合""谁开发谁保护、谁破坏谁治理、谁投资谁受益""全面规划、分步实施"的原则，将矿山生态保护修复贯穿矿产资源开发全过程，促进矿产资源开发与生态保护协调发展，服务生态文明建设工作。预计到 2025 年，莲花县预期新增矿山地质环境综合治理总面积约 509.56 公顷，其中新增历史遗留废弃矿山综合治理面积 153 公顷。同时，从新建矿山生态保护修复准入、生产矿山生态保护修复、闭坑矿山生态保护修复和矿山生态修复基金管理措施四个方面制定了矿山生态保护修复管理的要求。

二是创新绿色信贷。2022年，赣州银行莲花支行主动对接，推进莲花县废弃露天矿山生态修复项目顺利审批落地，并成功发放贷款3.5亿元，用于支持废弃露天矿山的生态修复建设。2023年，在前期已发放贷款4亿元的基础上，农发行莲花县支行投放2亿元农业土地流转和土地规模经营贷款，用于支持莲花县绿色矿山修复及土地整治项目建设，助力莲花县13个乡镇的废弃矿山山体修复。绿色信贷的支持有助于地方全域推进废弃露天矿山的生态修复和综合利用，筑牢生态保护屏障，将废弃露天矿山转变为绿水青山和金山银山，实现生态效益、社会效益、和经济效益的有机结合，是"绿水青山就是金山银山"生态发展理念的具体实践。

三是引入社会资本。为提升矿山修复技术水平，还老百姓一片青山，莲花县废弃露天矿山生态修复建设项目于2022年4月向社会公开招标，引入了隶属于中交集团的中交天航环保工程有限公司的第三方央企资源大力实施矿山复绿工程，主要包括工矿废弃地生态修复、耕地生态修复、地质灾害治理恢复、林草地生态修复等。在进行了系统的规划论证后，制定了矿山生态修复治理总体方案，在具体实施过程中，天航环保工程有限公司坚持尊重自然、顺应自然、保护自然的原则，因地制宜、因矿制宜，充分体现节约优先、保护优先、自然恢复为主的方针，广泛种植了马尾松、爬山虎、杜鹃等10多种植物。

四是市场化推进。2021年12月23日，莲花县人民政府与农创投资控股（深圳）有限公司签订了莲花县废弃露天矿山生态修复助推乡村振兴示范项目合作框架协议，采取以"政府主导、社会力量投资建设、资金封闭运行"的市场化模式推动莲花县废弃矿山生态修复治理。2021年12月，莲花县县政府明确了自然资源和规划局为项目的监管与牵头单位，组织管理项目实施。莲花新莲农城乡发展有限公司为业主单位，按要求办理相关手续。农创投资控股（深圳）有限公司为融资主体，负责解决项目资金来源，对接银行申请贷款及申请上级补助资金。

五是分类治理。莲花县废弃矿山生态修复坚持尊重自然、顺应自然、保护自然的原则，充分考虑废弃露天矿山土地利用现状及区域特点条件，因地制宜、因矿制宜，采取"六宜"原则（宜林则林、宜耕则耕、宜建则建、宜水则水、宜草则草、宜景则景）。经过努力，逐渐消除了地质灾害隐患，重塑了地形地貌，改善了周边环境，矿区生态系统功能得以恢复。

三、主要成效

（一）改善了生态

莲花县南岭乡长埠采煤沉陷区综合治理建设项目位于南岭乡四桂村，采煤采空区沉陷区地表恢复治理项目，通过对沉陷区进行采坑回填并修建挡土墙，防止崩塌、滑坡、泥石流等地质灾害发生，消除或最大限度地减少矿区地质灾害隐患，确保矿区人民群众财产安全和社会稳定，改善矿区及周边的生态环境，减轻或消除各种污染物对生态环境的影响，努力建设绿色矿山，恢复矿区土地使用功能，提升生态产品供给能力。

图 7-27 南岭乡长埠采煤沉陷区综合治理建设

（图片来源：莲花发布）

如今，治理区树木茂盛、花草盛开、游客络绎不绝，成为当地和附近村民饭后散步、跳舞和休闲的好地方。南岭乡长埠采煤沉陷区综合治理建设项目的实施，得到了广大人民群众的高度赞赏及肯定，给当地带来了经济效益和社会效应，改善了当地的生态环境，消除了安全隐患，维护了社会稳定。

（二）重焕生机

莲花县琴亭镇曙光村黄沙洲矿区历经了 23 年的石灰石开采之后，山体植被遭到破坏，矿山创面区域险象环生，存在崩塌、滑坡、泥石流等地质灾害隐患。2015 年，黄沙洲矿区被政策性关停，但遗留下的 60 余亩矿山裸露土地创面，却成为生态环境保护的一大痛点。

为根治矿山开采造成的生态破坏，琴亭镇邀请专家规划论证，制定了矿山生态修复治理总体方案，在 2018 年正式启动了一期矿山复绿工程。目前，一期工程投入资金 150 余万元，对矿区杂草、枯枝、死树等进行了清除，并种上了黑麦草、甜象草等适合种植的植物，复绿面积超过 30 亩。

废弃矿山修复，不能仅停留在简单的"复绿"层面，更要看到其利用价值，进一步导入新产业，才能形成可持续发展的局面。为此，琴亭镇激励引导党员致富带头人参与进来，通过"业主投入、企业运作"方式，引入民间资本对矿区水土流失严重区域开展有效治理。经过三年的努力，在废弃采矿区建立了"牛—沼—

鱼"生态循环发展模式，规划建设了3个存栏牛场，修建了沼气池，利用微生物发酵技术制造全发酵生物饲料，将复绿的黑麦草、甜象草氨化处理后喂牛，牛粪发酵后喂鱼，塘泥用作农田、牧草肥料。同时，还种下了200多棵桑树、杨梅树、桃树等。

一期复绿工程已经取得了良好成效，下一步，琴亭镇将继续践行"绿水青山就是金山银山"理念，探索山水林田湖系统修复，遵循生态系统内在机制，因地制宜导入乡村振兴产业，实现生态产品价值和经济社会效益的有机统一。

图 7-28 废弃采矿区转变为"牛—沼—鱼"生态循环发展

（图片来源：莲花发布）

第八节 落"红"不是无情物，化作春泥更护花：江西甘祖昌干部学院红色培训全民共享模式

一、案例背景

江西甘祖昌干部学院是江西省委重点支持建设的有特色的全国党性教育示范基地，也是纳入中组部备案管理的党性教育基地之一，承担着面向全国党员干部开展党性教育的重要职责。学院坚持以习近平新时代中国特色社会主义思想为根本指针，以弘扬井冈山精神、苏区精神、安源精神和甘祖昌精神为己任，以传承红色基因、坚定理想信念、涵养优良作风为培训目标，是一所具有鲜明地域特色的干部教育培训机构。

2016年10月以来，江西甘祖昌干部学院把红色教育培训作为推动革命老区脱贫的有效抓手，打破传统封闭办学模式，充分依

图 7-29 甘祖昌将军雕塑（图片来源：莲花发布）

靠群众、组织群众、发动群众，开创了"课堂在田野、吃住在农家、人人当教员、百姓齐参与"的新模式，开辟了抓红色培训助脱贫致富的新路径。

二、具体做法

一是培训基地建在农村。在学院选址上打破常规思维。经过反复研究与斟酌，改变把干部学院建在城区的传统做法，而是建在甘将军回乡当农民奋斗了29年的萍乡市莲花县沿背村。在学院建设上坚持就地取材。在建设过程中，江西甘祖昌干部学院始终坚持勤俭办学原则，不搞大拆大建，不搞大投入，充分利用原址原貌、民居民俗，并稍加改造或完善，就地建设而成。甘祖昌故居及其当年带领村民建好的水库和桥梁、绿化的荒山、改造的冬水田等均成为教学点，原有的村民礼堂和村委会会议室成为培训教室，村民住宅成为学员宿舍。"没有围墙"的江西甘祖昌干部学院在广袤的农村大地上应运而生，在这里，村庄就是学院，进来就受教育。

图 7-30 江西甘祖昌干部学院大门图（图片来源：莲花发布）

二是村容村貌有序整治。2019年6月，沿背村获评"第六届江西省文明村镇"。昔日的贫困村如今已经成为远近闻名的"明星村"，村容村貌的改变还在其次，更重要的是提振了村民精气神。通过整治村容村貌，沿背村由内而外焕然一新。"房前屋后的卫生由村民包干，每户村民家门前都设立承诺公示牌。"村委会卫生包干倡议得到村民们的积极响应，如今村里的卫生环境日日如新。刘金娇从小便与村民们一同跟随甘祖昌将军修水渠、架桥梁，当年甘祖昌将军的教诲，被刘金娇当作"传家宝"记到了今天。谁家房屋漏水、哪里的道路坑洼不平、谁家的留守老人需要照顾，面对村民的诉求，作为沿背村妇女主任，刘金娇将了解到的情况详细记在本子上，并逐一联系解决。刘金娇的记录本就像一本村情"地图"，记录了沿背村400多户人家近2000位村民的喜怒哀乐。

三是家家户户踊跃参与。打破传统培训机构"内循环"运转模式，构建院外院内"双循环"运转的发展格局，让群众共享红利，这是江西甘祖昌干部学院赖以生存的"法宝"，也激发了沿背村的乡村振兴活力。据介绍，江西甘祖昌干部学院从建院伊始，就着眼长远谋篇布局，将红色教育培训作为推动革命老区乡村振兴的有效抓手，大力发展"红色教育+民宿"经济，实现了村民收入大幅增长。通过"村民自营+政府指导"等发展模式，鼓励和引导当地农民兴办民宿，并邀请专业院校和酒店宾馆的专业人才对从业人员进行相关培训，不断提升民宿服务质量，提高农民收益。

沿背村大力发展"红色旅游+特产"经济，推进巩固拓展脱贫攻坚成果同乡村振兴有效衔接。此外，红沿农业专业合作社还通过免息贷款购买了6辆旅游大巴车，并成立了车队，服务前来参观、学习的游客和学员。村民可以通过车辆运营收入实现分红。

　　四是自主编演红色文化。建院伊始，学院就把课程建设作为立院之本，深挖本地红色资源，不断开发党性教育课程，从最初的"一课一剧"，到现在拥有自主知识产权课程43门，其中《红土地上话初心》《信仰万岁——脚写血书刘仁堪》《初心如炬——将军故里红色印记》3堂党课先后获评全省干部教育培训好课程。紧扣党史人物，开发精品党课。学院深挖甘祖昌、龚全珍、刘仁堪、贺国庆等英模人物的故事，抽调精干人员成立课程开发团队，研发《走进将军农民甘祖昌》《赓续百年红色基因——莲花一枝枪》等课程。学院还与新疆军区、地方院校合作，把课题转化为课程，开发了《毛泽东的莲花三天》《甘祖昌将军的家风》等课程。创新呈现形式，丰富课程内容。学院编排红色教育题材采茶剧《并蒂莲花》，由当地村民自编自导自演，村民白天种地、务工，晚上聚集祠堂，用浓浓的乡音、真挚的感情演绎甘祖昌、龚全珍的感人故事。

三、主要成效

江西甘祖昌干部学院秉持院村融合发展的路径,通过"以院带村,以村助院",蹚出了"以红色培训引领脱贫攻坚和乡村振兴"的新路子,构建了学院、村级组织和村民三方互为支撑、融合发展的良性机制。跟随着江西甘祖昌干部学院发展壮大的铿锵脚步,沿背村尽享培训红利。

(一)生态环境大幅改善,产品供给强

公益保洁人员、专业雨污处理设施使沿背村村居环境日日如新、处处如画;跳广场舞、参加志愿者协会的村民成群结队;邻帮邻、户帮户、尊老爱幼蔚然成风;学员帮助村民干农活、送孩子上学,村民拾金不昧、见义勇为的事例层出不穷。沿背村近年来先后被评为江西省红色旅游十大目的地、江西省旅游风情小镇、江西省水生态文明示范村、江西省文明村等。

(二)生态价值产品外溢明显,共同富裕成效高

据不完全统计,依托红色培训,截至2023年7月,江西甘祖昌干部学院累计开班1800余期,培训来自全国26个省(自治区、直辖市)的学员共7.8万余人。沿背村的民宿户数已由最初的10户发展到50户,可同时接待学员200余人,民宿户月均收入4000余元,多的上万元。该村创办了红沿农业专业合作社和"将军情"土特产公司,年创收就达15万元。由该村30余名村民自编自演

的采茶剧《并蒂莲花》，成为江西甘祖昌干部学院培训学员的"活"教材，至今共演出480余场，收入达110余万元。沿背村不仅同时摘掉了"贫困村""经济空壳村""村级党组织软弱涣散村"三项帽子，还成了全省脱贫攻坚"明星村"、乡村振兴"先行村"。

第九节 一莲优品，如花似锦："莲小花"助力生态农产品走出去模式

一、案例背景

2022年莲花县注册了属于自己的区域品牌商标：莲小花。莲花县坚持"政府引导、企业为主、市场运作、品质至上"的原则，通过塑造品牌市场形象、健全品牌培育机制、夯实品牌信用体系、做强品牌宣传营销、扶持品牌企业发展、培养品牌各类人才，整合18类134款农产品资源，建设"莲小花"农产品区域公用品牌，全力塑造"莲小花"绿色、有机、健康的精品形象。

"莲小花"主要开展品牌运营、策划；农产品及粮油收购、加工、储存、销售；餐饮；电子商务，广告设计、宣传；农产品流通、配送（快递业务除外），农作物及果树种植。"莲小花"已成为莲花县深入践行"绿水青山就是金山银山"发展理念，落实国家质量兴农战略，推进农业向专业化、标准化、品牌化、现代化发展和打造精品农产品供给地所谋划的一项重要举措。

第七章 生态产品价值实现模式

图7-31 莲小花品牌标识（图片来源：莲小花公众号）

二、具体做法

一是"线上""线下"做大零售端。积极拓展线上、线下销售渠道，丰富宣传方式，加强宣传推介，打造"莲小花"销售"爆品"。积极拥抱数字经济，已布局"莲小花"淘宝、拼多多、抖音店铺矩阵，开设店铺总数19个。建成莲小花直播间、湘赣红直播间、田心直播基地。现阶段网销产品以干货类目、下饭菜类目为主。大力发展线下商超及社区团购。2023年8月启动莲小花超市旗舰店建设，总面积约500平方米。积极与新万仕达购物中心有限公司等大型超市合作，拓展更大市场。发展社区夫妻店作为社区团购网点。目前，莲小花已拥有线下社区团购店43家，2024年与莲小花连锁超市形成"一个中心""一张网络"的组合阵法，将面向湘赣两域发展超200家社区团购店。

二是"园里""园外"做优生产端。以"粮头食尾、农头工尾、畜头肉尾"为抓手，不断严标准、优品质，注重品牌培育，丰富内涵，逐步提升品牌和产品的影响力。在工业园建设莲花县"莲小花"区域公用品牌运营中心项目，已建成综合办公楼（含展厅）、食品分装厂、物流云仓、配送车间各1栋，食品全自动定制包装系统线2条，冷库450立方米。积极推动"莲小花"食品产业孵化园项目建设。该项目采用"一园两区"空间布局，包括地处南岭乡的主园区和位于工业园的孵化园区，以"莲小花"区域公用品牌为引领，抢抓食品产业发展机遇，快速承接中小食品企业在莲的落地投产，第一批企业签约总投资1.5亿元。另外，在工业园区之外建立优质农产品供应基地。在荷花博览园和周边流转土地开展莲子种植，对接湖南农业大学技术团队和国内莲子种植、加工有影响力的企业研发、种植优质莲子品种，并利用不适宜水稻种植的田地扩展莲子的种植面积。同时，引进湘潭食为民天建设莲子加工厂，已建成投产。在良坊镇田心村运营"鸭崽哩"小院项目，以"村集体+公司+农户"的运作模式，建设"莲花血鸭"特色产业基地。

第七章 生态产品价值实现模式

图 7-32 "莲小花"区域公用品牌运营中心

（图片来源：莲花县农文旅集团公众号）

三、主要成效

产品销量攀新高。"莲小花"品牌在抖音直播间受关注度稳步增长，销售额逐步提升。莲花莲子、麻辣萝卜干分别在拼多多、抖音商城位列同类产品销量第一，其中 2023 年，单品莲子销售 200 余万单，产值 3000 万元，居同类产品销售全国第一，通过库存储备保持货物销量、建设云仓降低快递成本等方式，提升自我竞争力，保持日销量 2 万单以上。此外，已推送帮销了柑橘、杨梅、枇杷、桃等十余种果蔬产品，2023 年仅线上就帮农户销售了农副产品 34930 斤、特产组合套装 2142 份。

品牌发展开新局。借助新媒体渠道，通过直播带货、渠道推广、线上下单、媒体推介等方式，形成了宣传推广矩阵，让更多外地消费者通过网络认识和购买莲花优质特色农产品。成功申报莲花晶沙柚、莲花菜籽油、莲花山茶油、莲花青钱柳茶、莲花咸鸭蛋、莲花白鹅、莲花蜂蜜、莲花老酒、莲花莲子、莲花绿茶、莲花蜜梨共计11款名特优新产品。参加省内外大小十余次展会，如2024年中国品牌日活动、2023中国合作贸易大会暨供销贸易博览会、赣菜推广（广州站）启动仪式等极具影响力的展会，集中资源加大品牌宣传力度，扩大"莲小花"品牌的知名度。

农民收入展新貌。依托"莲小花"品牌孵化基地，探索了政企农联动的农副产品帮销模式，通过线上依托电商平台，线下发展基层服务网点，初步架构了"上联市场、下联农户"的电商营销网络，将县内分散的农业产能和县内外分散的农产品需求在"云端"对接。构建农文旅融合发展的产业体系，已吸收良坊镇7个村的产业帮扶资金260万。"直播带货推介'莲小花'品牌助力乡村振兴"案例入选2023年萍乡市数字乡村创新发展优秀案例。

第十节 资源整合搭台，多方参与唱戏：莲花县生态产品交易中心整合交易模式

一、案例背景

2023年，依托莲花县农文旅集团搭建了生态产品交易中心，加快推进"两山"生态资源价值转换。通过科学适度的生态资源整合与优化提升，探索集约化、高水平生态资源保护开发模式，进一步拓宽"两山"转化通道，切实把生态优势转化为经济优势，增强自我造血功能和自身发展能力，实现生态质量和经济效益双提升。

在生态系统服务功能价值不降低的前提下，生态产品交易中心引导更多发展要素、金融资源配置到生态产业化发展之中，同时健全利益分享和风险保障机制，加快推进"资源变资产、资金变股金、农民变股民"，让改革成果更多、更公平地惠及广大农民。

图 7-33 莲花县生态产品交易中心

（图片来源：莲花县农文旅集团公众号）

二、具体做法

一是边试边完善机制。聘请研究团队完成《莲花县建立健全生态产品价值实现机制的实施方案（试行）》《莲花县"两山转化运营中心"落地实施方案（试行）》，在制度层面上为生态产品交易中心搭建奠定了基础。同时，印发《莲花农文旅集团有限公司组建方案》，明确将莲花农文旅集团有限公司作为县属重点企业，具体负责生态产品交易中心搭建和运营。

二是边干边拓展经营。生态产品交易中心对碎片化的生态资源进行集约化、规模化开发，陆续收储生态资源，形成资产项目库。以此为基础，积极开展乡村振兴和生态农业产业化项目的融资、投资、建设和运营管理。同时，建立农业示范园区，打造线上线下特色农产品产业链，加快莲花县农业（包括农、林、牧、渔业产品等）流通市场体系建设。

三、主要成效

生态产品交易中心极大地促进了分散资源集中化利用。以土地流转方式为准，盘活荒山和水量不充足的农田，2023年土地流入面积9600亩。通过引进种植大户积极推广大豆、玉米、水稻、牧草、马铃薯和萝卜等，进行集中连片开发。其中大豆种植2148亩、荷花种植2000亩、牧草和玉米种植1049亩、水稻种植2503亩、马铃薯种植约200亩、萝卜种植约1700亩，带动2500余户流转农户年均增收2000余元。

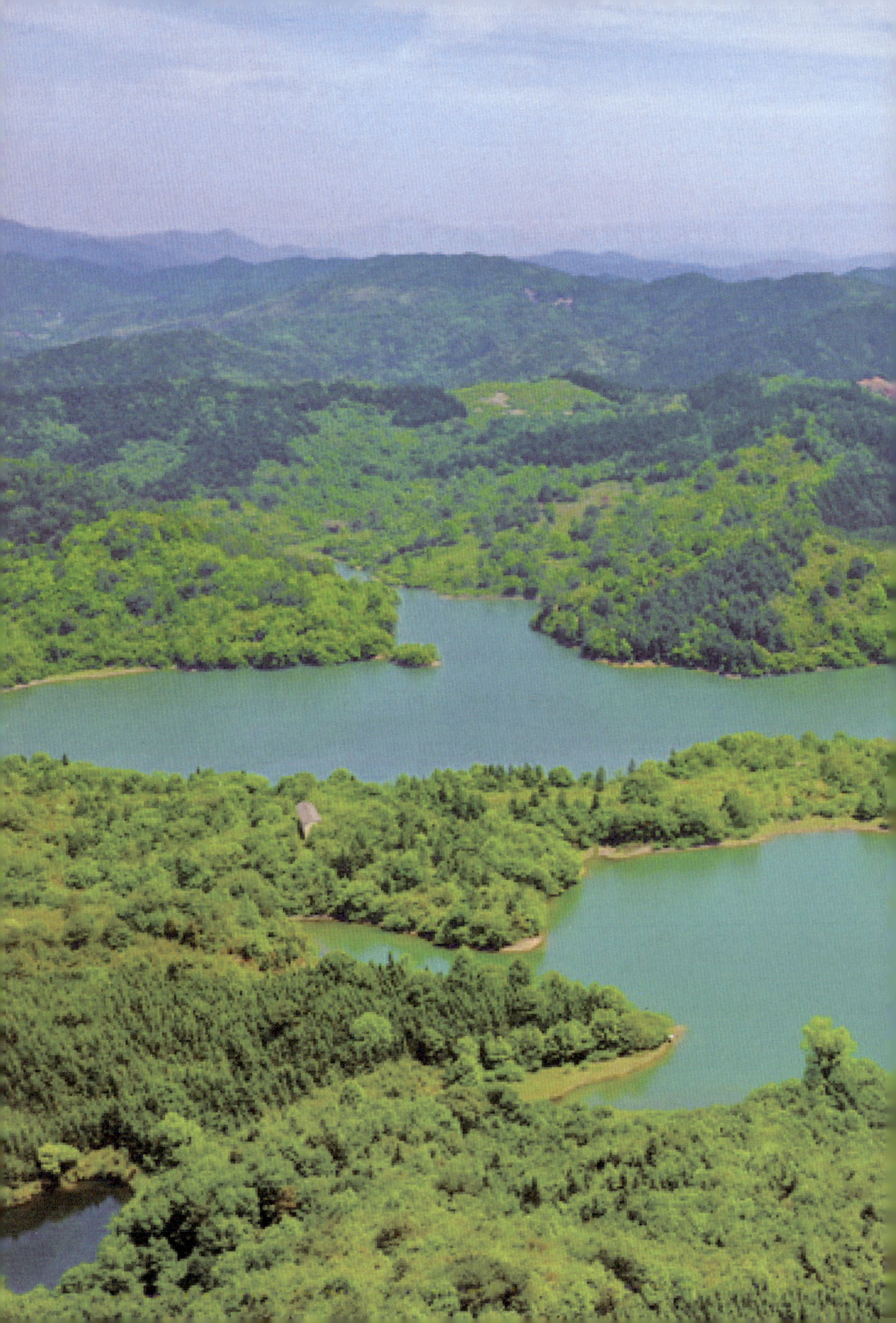

第八章
生态产品价值实现典型乡村实践探索

第一节 典型乡镇实践探索

一、六市乡：以奋斗之姿奋进新征程

锚定打造生态福地、康养胜地、产业高地和莲北新门户、萍乡后花园的"三地一门户一花园"建设目标，依托"国家环境优美乡镇、省级卫生乡镇、江西避暑旅游目的地、莲花血鸭发源地"优势，紧盯经济发展高质量、生态环境高颜值、产业项目高水平、群众生活高品质、基层治理高效能，六市乡全力以赴抓项目、兴产业、优环境、强实体、惠民生，使党的二十大精神在六市乡落地生根，开花结果。

（一）聚焦高新高质，用"守正创新"培育"发展强"

党的二十大报告指出，高质量发展是全面建设社会主义现代化国家的首要任务。经济发展就是要聚焦高新高质，拉高标杆争创一流，坚决扛起高质量跨越发展重任，持续提升发展动力和后劲。

在转型升级上创特色。全力以赴谋项目、引项目、建项目，创新早投产、快见效的项目推进机制，优化营商环境，推行"主要领导领办、分管领导带帮办、相关部门帮办"三办机制，跑出项目建设"加速度"。

在农旅融合上下功夫。坚持差异打造＋特色推进，突出"养生、养心"两大主题，依托省康养旅游打卡地、省4A级乡村旅游点、省避暑旅游目的地优势，做活花海经济与四时文章，实现"春季赏花、夏季避暑、秋季摘果、冬季观雪"，实现"乡美村美全域共美，乡兴村兴全域共兴"。

图8-1 江西避暑旅游目的地标识（图片来源：莲花发布）

图 8-2 获评 2022 江西"避暑旅游目的地"（图片来源：莲花发布）

（二）聚焦绿色发展，用"担当实干"绘就"生态优"

党的二十大报告指出，必须牢固树立和践行"绿水青山就是金山银山"的理念，促进人与自然和谐共生。生态优势是六市最大的发展优势和竞争优势，六市作为莲花的北门户、萍乡的后花园，前景广阔、大有可为。

坚持"检察蓝+生态绿"，探索绿色发展模式。守住生态"底色"，推行"3+3+3 工作法"，为绿水青山披上法治"保护膜"，让六市青山常在、绿水常流、空气常优，既要守住绿水青山，又要守来金山银山，实现生态和经济完美融合。

坚持"基层治理＋景村建设",打造人居环境标杆。推行"三合四巡一基地一平台"的党建引领社会治理模式、"政府＋法院"的矛盾纠纷化解模式试点、景村建设试点,统筹基层综合治理、精神文明建设、人居环境整治等工作,并融合"红古绿",全面提升乡村生态价值、经济价值和美学价值,以"景美、村靓、人和"为目标,秉承"微改造、精提升"理念,打造生态为底、风貌为韵、文化为魂、产业为基、共富为本、善治为核的景村景乡,建设宜居宜业和美乡村。

图 8-3 海潭湖湿地公园（图片来源：莲花发布）

（三）聚焦民生福祉,用"奋楫笃行"谱写"乡村美"

党的二十大报告指出,为民造福是立党为公、执政为民的本质要求。六市要深入践行以人民为中心的发展思想,采取更多惠民生、暖民心举措。

注重围绕"一个梨",打造蜜梨产业发展新高地。"好山、好水、好空气"孕育了六市高品质的有机农产品。实施六市蜜梨产业创新集成发展行动,按照"创一个品牌、兴一项产业、富一方百姓"的发展思路,推进六市蜜梨品牌创建工作,实现量质快速突破,把六市蜜梨培育成农业第一产业,同时有效带动西瓜、黄桃、布朗李等,形成"龙头企业带农技、品牌运营提价值、三产融合促民利"的果业振兴模式,实现村强民富互促共进。

注重围绕"一只鸭",干出六市发源地新作为。六市作为莲花血鸭的发源地,重点打造勤王台"莲花血鸭"生产加工、文化传承基地,推进农旅融合,为将"莲花血鸭"打造成"十大赣菜"之首做出六市发源地的新作为。

图 8-4 村民采摘蜜梨(图片来源:莲花发布)

第八章 生态产品价值实现典型乡村实践探索

图 8-5 山背勤王台血鸭文化馆（图片来源：莲花发布）

推行"党建引领，监督护航"产业振兴模式，谋求村级集体经济新突破。探索推进"秸秆供牛产业、牛粪供瓜果肥"的"生态内循环"，山口村推行"党建引领，监督护航"产业振兴模式，围绕果蔬茶、生态"振兴牛"等优势产业，完善工作机制，深挖符合实际的村级集体经济增收渠道，以可持续发展产业链带动村集体经济。

（四）聚焦队伍建设，用"知行合一"推进"作风优"

干部干部，干字当先。干部是发展的决定性因素，是推动工作的基石。要持续强化政治引领。将学习宣传贯彻党的二十大精神作为当前和今后一个时期的首要政治任务。在深入学习上求"精"，在宣传宣讲上求"效"，在学用结合上求"广"，推动党的二十大精神入脑入心、走深走实。要持续深化解放思想。坚持解放思想、守正创新、振兴发展，结合"屋场贴心会""党员谈心谈话"

活动，汇聚全乡智慧，凝聚各界共识，营造更加浓厚的担当作为、干事创业的良好氛围。

二、良坊镇：打造生态美镇、产业强镇

无人机航拍下的莲花县良坊镇，农田、河流、村庄和公路相互映衬，景美如画。当地通过治水与绿化、美化相结合，促进人与自然和谐共生、绿色发展，实现天更蓝、山更绿、水更清的田园画卷。

近年来，该镇为贯彻"绿水青山就是金山银山"的理念，在推进美丽乡村建设中，依托村里丰富的林地资源和良好的生态优势，大力发展生态农产品"绿色经济"，通过"党支部+合作社+基地+脱贫户"的模式，为村级集体经济增收10—15万元，实现百余劳动力就业增收。

图8-6 航拍下的莲花县良坊镇（央广网记者 胡斐 摄）

第八章 生态产品价值实现典型乡村实践探索

图 8-7 良坊镇上榜首批国家农业产业强镇（图片来源：莲花发布）

（一）持续改善生态环境

在重点区域增设、更换分类垃圾桶 66 个，对垃圾中转站设施进行了维修保养；发动干部群众 500 余人，整治各类环境卫生问

图 8-8 人居环境整治（图片来源：莲花发布）

245

题200多处；拆除残垣断壁、破旧房屋10多处，清理河道3100余米；排查322国道沿线环境乱象70多处，并全部整改到位。打造秸秆回收综合利用示范基地。扎实开展巡河巡湖工作，镇、村两级累计巡河1327次，切实优化了全镇水环境质量。大力完善"一江两岸"项目建设，推进梅州河两岸景观建设。

（二）农业产业百花齐放

立足肉牛养殖产业，坚持"特色、循环、高效、绿色、优质"五大发展理念，构建"一龙头三中心五基地"总体布局，突出产业特色，力争把肉牛养殖产业打造成江南乃至全国的行业标杆。打造一批各具特色的现代版"富春山居图"，发展百合种植、蔬菜种植、中药材产业、果蔬扶贫产业基地、油茶苗木基地。打造一批有影响力的知名农业品牌，推动产业振兴。按照"一龙头三中心五基地"产业发展思路，在资金投入、服务保障、项目建设方面下大功夫，全力推动莲花县肉牛养殖智慧产业园项目建设，进一步扩大养殖规模和品质；全力推动农事服务中心项目建设，进一步提升农业生产力；全力推动村集体经济发展，在新田村、冲头村、白沙村打造瓜果蔬菜产业基地，在梅洲村、下布村、南湾村发展雷竹种植基地，在岐下村发展农副产品深加工产业，全面构建规模化、现代化农业产业体系。

第八章 生态产品价值实现典型乡村实践探索

图 8-9 胜龙牛业（图片来源：莲花发布）

图 8-10 白沙村的桃园产业（图片来源：莲花发布）

（三）全面推进景村建设

以"景村建设"为契机，改善农村人居环境，建设美丽乡村，深化人居环境整治行动，不断提升村庄品质，让良坊镇既有"颜值"又有"气质"。以农村生活垃圾治理、生活污水治理、户厕革命、村容村貌提升等为主攻方向，深入实施农村人居环境整治和乡村振兴示范村建设行动，重点打造冲头村、白渡村两个精品村，引进设计团队进行整体规划设计，依托地域优势，突出特色亮点，建设美丽乡村，以点带面，推进村庄整体面貌整改提升。2022年，共投入500余万元，大力推动冲头村景村建设项目及梅洲村、高坵村、白渡村人居环境整治项目建设。

图8-11 景村建设场景（图片来源：莲花发布）

（四）民生福祉稳步推进

全面落实低保、特困供养、残疾人等人员的政策补助，2022年共计发放低保金约1181万元、特困供养护理费约169万元、重度残疾人补贴约28万元。完成全镇居民医保参保32381人，完成城乡居民养老保险年度资格认证6307人。全面落实惠农政策，发放各项农业产业补贴共计58.6万元，织密农业保险"安全网"，实现全镇24个行政村水稻保险全覆盖。按照"八有"建设标准，重点打造了良坊镇、田心村、新田村和白渡村新时代文明实践1所3站示范点，成立了41个群众业余文艺团队，组织了欢度"国庆"、庆祝建党100周年文艺演出、"百县百日"文旅消费季活动、"九九重阳敬老情，百合丰收孝双亲"等各类志愿服务活动200余次。

三、坊楼镇：传承红色基因 推进乡村振兴

坊楼坚持"126"发展思路不动摇，坚持一条红色振兴主线，打造县城副中心、国内有名的红色培训示范区两个目标，深入实施"六大"工程，始终坚持在学懂弄通做实上下功夫，注重在政治、思想、战略部署、具体行动、组织领导上对标对表，以时不待我、只争朝夕的精神，为莲花县加快打造"三全名县"，实现高质量跨越式发展贡献坊楼力量。

（一）"初心"品牌熠熠生辉

"初心小镇"稳步推进。以"441"规范要求为遵循，围绕红色培训小镇项目，做好初心小镇规划，打造了新枧红色长廊、田垅修械所、甘家村毛泽东同志故居、洋桥红军医院等红色党建点与沿背村江西甘祖昌干部学院串点连片，让红色名村传承由点点红升级为一片红，实现村与村的抱团发展，提升全镇红色培训品牌影响力和承载力。"初心夜校"入脑入心。利用乡镇党校这一平台，开办好"初心夜校"，将坊楼红色文化、传承红色基因与学习宣传贯彻习近平新时代中国特色社会主义思想和党的二十大

图8-12 一所"没有围墙的干部学院"——甘祖昌干部学院

（图片来源：莲花发布）

图 8-13 甘祖昌故居获评全市爱国主义教育基地

（图片来源：莲花发布）

精神相结合，抓好全镇974名党员理论武装，传承"红"的血脉。"初心夜访"破解民忧。镇党政班子成员带队充分利用"初心夜访""初心夜宿""群众贴心人"系列活动深入挂点村户，真正把政策、服务、关心带下去，把民情、需求、矛盾排摸上来，实现服务群众零距离。

（二）乡村环境持续改善

突出打造了"让红源更红"的人居环境整治示范点。大力推进集镇改造、农贸市场等基础设施的建设，完成地面刷新8900多平方米，完成管线美化1500多米，对路砖等基础设施进行了修缮。各村组织环境整治280余次，拆除空心房21000余平方米，拆除杂屋栏舍11300平方米，清理河道沟渠25千米，发放宣传单、倡

图 8-14 人居环境整治（图片来源：莲花发布）

议书等 7300 份，形成了党群齐参与的良好局面，顺利承办了全县农村人居环境整治工作现场会。2022 年 3 月，萍乡市第九届乡村文化旅游节在洋桥村举办，七彩油菜花田火爆全网，受到央视、新华网等媒体频频点赞。

（三）生态底色更加靓丽

推进蓝天保卫战，加强秸秆禁烧巡查工作力度，和农机合作社签订作业合同，与农户签订《坊楼镇秸秆禁烧承诺书》，引导群众从思想上树立禁烧意识，提高禁烧知晓率，营造"人人禁烧、

图 8-15 清河行动（图片来源：莲花发布）

家家禁烧、处处禁烧"的浓厚宣传氛围。推进碧水保卫战，严格落实河（湖）长制，切实优化了全镇水环境质量。加快农村污水收集处理步伐，在洋桥村、小江村新建了两套污水处理设施。

（四）民生福祉全面提升

健全防返贫监测帮扶机制，紧盯脱贫不稳定户、边缘易致贫户和突发严重困难户，做到应纳尽纳、应帮尽帮。每月跟踪监测，因户因人施策，强化帮扶救助，持续巩固"三保障一安全"成果，确保乡村振兴有实效。积极构建"公司＋合作社＋农户"等共赢模式，带动脱贫户增收，目前全镇共有23个农业经营主体，帮扶车间6家，脱贫户300多人实现家门口就业。小江村景村建设突出"就地取材""群众参与"，按照"群众捐一点资金、捐一点材料、投一点劳力"的"三个一"模式，通过积极培育小江"庭院经济"、研学经济，深挖小江乡村文化血脉，带动乡村治理，力争建设特色风貌新农村，奋力打造乡村振兴示范点。

图 8-16 帮扶车间（图片来源：莲花发布）

利用现有资源，贯彻落实双减政策，建设坊楼镇课外实践教育基地，把劳动教育纳入学生培养全过程，以劳育德，助力"双减"，不断提升辖区学校的办学质量。坊楼中学获评江西省劳动教育特色示范学校；赋能提质龚全珍工作室，严格落实"365天服务不打烊"文件要求，开展"365"龚全珍工作室连心工作法，最大限度方便企业和群众办事；扎实做好农村养老，沿背村探索出党建+居家养老服务"1234"工作法（一套制度立标准，"两所房子"搭平台，三支队伍强服务，四个方面保运转），得到了民政部的充分肯定。

图 8-17 村级居家养老服务中心（图片来源：莲花发布）

第二节 典型村庄实践探索

一、高滩村："红色名村"蹚出"蝶变路"

高滩村，是秋收起义部队进入江西莲花的第一站，保留着以王佐烈士命名的支部"支委决议案"，可称为党早期基层组织"三会一课"制度的雏形范本；高滩村，是中组部红色美丽村庄建设试点村、全国唯一四星级国家地质文化村、全国"一村一品"示范村镇、国家级生态农场、江西省乡村振兴示范村、江西省乡村振兴模范党组织……

近年来，高滩村以红色名村建设为抓手，聚焦党建引领、聚能基层治理、聚力产业发展，蹚出了一条"以红为基、以绿为底、产业带动"的乡村振兴蝶变之路。

（一）红色引领 传"红"守"绿"固本强基

高滩村党支部高标准、严要求抓好"三会一课"，不断完善周例会、议事决策、谈心谈话等制度。高滩村党支部荣获全省乡村振兴模范党组织，相关经验做法《让坚强的战斗堡垒焕发新时代光芒》荣获全省党务技能大赛"农村党建"项目三等奖。

图8-18 高滩村美景一览无余（图片来源：莲花发布）

积极推行党群联心工作法，完善"一册一牌一会"制度，为无职党员设岗定责，实现有责更有为。党员累计走访群众400余次、办理好事实事200余件。党群联心工作法获中国组织人事报、共产党员网等推荐报道。

主动传承红色基因、深挖红色内涵、讲好红色故事，通过查找"王佐支部决议案"完整史料，编排《高滩有颗闪亮的星》等5首红色歌曲，拍摄《红色名村高滩村》《遇见高滩》《寻见那片红》等红色微电影，努力让昨天光荣的今天更光荣、过去先进的现在更先进。

（二）特色丰盈 以"文"促"旅"做优产业

高滩村持续擦亮"红色名村"金字招牌，发展红色研学、串联红色路线、研发精品党课、协办"重走秋收起义路"马拉松等

第八章 生态产品价值实现典型乡村实践探索

特色活动。新建"坚强的战斗堡垒"支部研学馆、王佐烈士陵园、红色文旅步行街、高滩研学教育基地，成功创建全省干部教育培训现场教学示范点、全省社会主义学院现场教学基地等红色品牌。

依托中国工程院颜龙安院士工作站，推动农旅融合，发展壮大绿色农旅产业，打造富硒有机大米农业品牌。顺利举办全省稻油轮作生产全程机械化现场演示展示会，入选全国乡村旅游精品线路。

图 8-19 一批又一批游客来到高滩村参观、学习

（图片来源：莲花发布）

创新发展模式，引进社会资本运营农家乐；新建蔬菜大棚，因地制宜发展富硒辣椒产业；引进乡村振兴微车间，带动 20 余名妇女在村就业。2022 年，村级集体经济收入突破 50 万元，带动村

民增收 100 余万元，推动群众生活水平不断提高。

图 8-20 村民在蔬菜大棚内劳作（图片来源：莲花发布）

（三）底色浓郁 有"颜"有"品"扮靓乡村

高滩村完善惠民基础设施，着力抓好危旧房屋拆除、环境整治、美化亮化等工作，将红色元素融入美丽宜居村庄建设中。如今的高滩村院落美、居室雅、厨厕净、庭前清，道路绿化、景观小品、标识标牌、建筑风貌等旧貌换新颜，书写村居环境的美丽嬗变。

针对群众最关心、反映最强烈的道路、用水等民生实事，高滩村积极跑项争资，已完成村庄道路"白改黑"2.5公里，拓宽改造村中心至坪江里县道2.8公里；新建蓄水池4个，新铺自来水管4.5公里，新装路灯70余盏，新修水渠600米；修缮拥有600

余年历史的高滩初祖祠；慰问脱贫户、老党员和困难群众100余户，使村民满意度和幸福感大幅提升。

积极发挥模范带头作用，表彰环境整治好村民12户、道路拓宽好村民32人。村民连续三年入选"莲花君子·身边好人"。支委委员谢香莲、王燕分别获评"全省五一巾帼标兵""全省优秀少先队辅导员"，使全村见贤思齐，学好人、敬好人、做好人的氛围日益浓厚。

二、湖塘村：为传统村落注入发展新动能

江西省萍乡市莲花县历史悠久、文化灿烂，素有"泸潇理学、碧云文章"之美誉，也是秋收起义部队引兵井冈的重要决策地，拥有一批具备一定历史、文化、经济、社会价值的传统村落。近年来，莲花县不断加大传统村落保护工作力度，成立传统村落保护工作领导小组，构建起组织部门、业务部门、乡镇党委、村党组织和党员群众共同参与的"五方联动"工作机制，形成传统村落保护齐抓共管大格局。

莲花县切实发挥好党群服务中心、"龚全珍工作室"、新时代文明实践站等党的基层阵地作用，将支部组织生活与传统村落保护发展相融合，依托传统村落所在红色研学基地，通过"实地教、现场学"等特色形式，让支部主题党日、"三会一课"等组织生

图 8-21 路口镇湖塘村渭川公祠（红五军临时医院）

（图片来源：莲花发布）

活"动"起来，增强党员对传统村落保护的思想自觉和行动自觉。如湖塘村在徽派党群（游客）服务中心设立"龚全珍工作室"党员志愿服务岗，进一步发挥党员在服务游客和群众、服务传统村落保护中的先锋模范作用；以党支部为核心组建古村巡护队和党员服务队，在推进传统村落保护工作中争当"主力军""先锋队"，逐步建立覆盖全域的"党群保护联盟"。

党员示范做好巡查管护。莲花县推行"党员片长制"，设立"党员责任区"，构建"片长（支部书记）包村、组长（网格长）包组、邻长（中心户党员）包片"工作机制。设立"龚全珍工作室"、党员先锋岗、党员保护岗，开展知识宣传、保护巡查等工

第八章 生态产品价值实现典型乡村实践探索

图 8-22 路口镇湖塘村古民居群

（图片来源：莲花发布）

作，有效带动村民争当保护传统村落的"排头兵"。如湖塘村"龚全珍工作室"利用"石门山女人茶"这一媒介，搭建"乡娌乡音"村民议事平台，动员村民汇拢零散的古民居原材料，筹划故居展览，让更多的人参与到古民居保护行列中来。

科学规范做好修缮保护。莲花县组织党员干部摸清古民居、古祠堂等传统古建筑底数，分类造册建立"身份"档案，上传至中国传统村落数字博物馆。邀请专业人士对古建筑进行画像登记，研究修缮方案、做好修缮指导。争取专项资金 500 余万元，坚持修旧如旧、保持原貌的原则，对古建筑进行微改造、精提升，保留村庄肌理，保住乡土特色。深化"红古绿"融合，依托传统村落厚重的文化底蕴，融合本村或周边村落的红色、绿色资源，围绕文化遗产传承保护，做好"旧址+""文化+""旅游+""产业+"文章，助力传统村落振兴。目前，莲花县路口镇湖塘村、湖上乡湖上村两个村成功入选中国传统村落名录，路口镇阳春村被评为江西省省级传统村落。

莲花县以红色名村为骨，充分利用传统村落古建筑，秉持"保护为先、传承为要、利用为主"的原则，进一步用好红色资源，打造了甘祖昌故居、红军医院、王佐支部陈列室等一批爱国主义教育基地、"红古"文化研学基地。湖塘村依托路口大捷战斗遗址、红五军指挥部和会议旧址等打造了红培旅游产业链，年均接待观光旅游团近200个、游客1.2万人次。以文旅融合为媒，紧抓传统村落保护和景村建设的契机，深入推进"美丽庭院"建设，对村庄现有格局进行整治提升，将"千村一面"变为"各美其美"，打造观光休闲型乡村旅游，为传统村落注入发展新动能。如在莲花县第十三届油菜花节中，市级非遗项目"莲花客家绣""石门山女人茶"的助阵，以及省级非遗项目"莲花血鸭"组成的长龙宴，让游客们感觉别具一格，同时也感受到了莲花传统文化的魅力。以产业发展为要，在全域旅游、民宿经济、休闲康养等方面进行积极探索，通过发展生态循环农业、鼓励支持传统手工业、开办民宿等新产业提升传统村落旅游价值。如湖上村打造乡村振兴"三创"园示范基地，引导乡贤建设"家门口"企业，让当地

150余名村民实现在"家门口"就业,走出"以特色产业壮大集体经济、以集体经济反哺传统村落保护"的路子。

三、海潭村:恍如世外桃源的美丽乡村

图 8-23 海潭村村口(图片来源:莲花发布)

四季轮回送走深秋,漫漫寒冬携来绵绵细雨,淅淅沥沥,飘荡了好几个星期,让人平添了许多愁。当久违的暖阳终于出现,邀上几个好友,找出尘封多日的相机,直奔莲花县六市乡海潭村,按下手中的快门,记录海潭村神秘中的陌生。

海潭村属莲花县六市乡，距萍城约60公里，319国道贯穿其中。这里民风纯朴，气候宜人，物产丰富，有着"瓜果之乡"的美称。是"福地莲花"美丽乡村的示范村。

走进六市乡海潭村，映入眼帘的是一行行漫山遍野的茶叶林，一条条整洁宽敞的彩色沥青路、一栋栋错落有致的农家小院。蓝天碧水，小桥人家，浓淡相宜的绿色，看着让人真舒服。

图 8-24 海潭村概貌（图片来源：莲花发布）

站在高高的塔楼向远望去，整个茶园就像一个聚宝盆，为海潭村的新农村建设提供经济增长点；从空中俯瞰，两千亩茶园又像一幅八卦图的乾坤，保佑着当地百姓世代繁荣。祖籍莲花的"末

图 8-25 海潭村茶园（图片来源：莲花发布）

代帝师"朱益藩曾作联曰："虎跑泉龙井茶，海潭水翡翠茗"。

在海潭村的田间地头，以至村里的每个角落，满目的绿色，即使在冬天的寒风里，依旧把持着自己的底色。亦如那山野间的芦苇，固执地坚持着最后的繁华。

冬天的晨风润润的、凉凉的，一丝丝似有若无、甜甜淡淡的茶香味在悄悄漫延，尘封已久的某种嗅觉被唤醒，身体中每一个细胞都充溢着欣喜。

海潭村房屋建筑风格渗透着庐陵文化的元素：漂亮的房屋外观设计，精细的木料镂雕加工，加上花纹线脚的装饰，给人们以美的视觉感受，是农耕社会中人们热爱田园生活的真实写照。

图8-26 海潭村乡村旅游（图片来源：莲花发布）

图8-27 海潭村房屋建筑风格（图片来源：莲花发布）

莲花的传统节日氛围十分浓厚。每当逢年过节，院落大门、正厅门口、楼上楼下的侧门，乃至饲养牲畜的杂屋，只要有门的地方都会贴上对联，甚至挂上大红灯笼，喻意老百姓的日子过得红红火火。

第八章 生态产品价值实现典型乡村实践探索

图 8-28 海潭村传统节日（图片来源：莲花发布）

聪明的海潭人在新农村建设中，将湿地改成了湖泊，修建了栏栅和亭阁。清澈干净的湖面倒映着每一个过往游客婀娜多姿的身影，美好的瞬间都将记忆在数码的世界里。

图 8-29 海潭村美丽乡村建设（图片来源：莲花发布）

一阵凉风掠过湖面，卷起湖水的皱纹，小水鸭懒懒地在湖水里游弋。天边几缕柔薄飘浮的白云，轻轻地涂抹在远山之中，香雾空濛，氤氲缭绕。整个村庄倒映在湖面上，生出几分格外的宁静。

在莲花的农村，几乎家家都会酿造老冬酒，一日三餐都得喝上几壶。如果碰上亲朋好友，大家围坐在火炉旁，一边划着拳，一边将盛满冬酒的锡壶放在火上烧，一盘黄豆炒油渣还没吃完，几壶冬酒早已下肚。这种生活习惯，造就了莲花人豪爽大气、精明能干的性格。

海潭村以海潭湖湿地公园为中心，结合周边的茶园、果园、林地和村落，构建集农家餐饮、滨水观光、生态休闲、度假养生、采摘体验于一体的美丽乡村示范区。

图 8-30 海潭村休闲广场（图片来源：莲花发布）

如今的海潭村，树绿了、花艳了、灯亮了、老百姓的腰包鼓起来了。村庄变得洁净了，邻里互敬和谐，乡村更加美丽，人们的脸上洋溢着幸福的笑容——陶渊明笔下的世外桃源也莫过于此吧！

全国闻名·成效和展望篇

从业初心 牢记品质使命

第九章

生态产品价值实现成效

走进地处江西省西部的萍乡市莲花县，秀美的莲江水清岸绿、鱼翔浅底、鹤鹭嬉戏，莲江两岸乡靓村绿、花开四季、游客如织，工业园内车流穿梭、机器飞转、工人忙碌……这一幅幅生态优、乡村丽、产业兴、百姓富的动人画面，正是莲花县在协同推进经济发展与生态保护中交出的绿色答卷。党的十八大以来，莲花县牢固树立"绿水青山就是金山银山"的理念，统筹谋划、协调推进生态环境保护和经济社会发展，产业生态化和生态产业化实现齐头并进，生态美、生产旺、生活富的"三生"共赢画卷正在罗霄山脚下的中国莲花之乡精彩描绘。

第一节 实践探索取得突破

一、生态产品供给能力显著增强

创新生态环境治理模式。莲花县在全省率先签订检察机关与地方人民政府的生态环境保护合作协议，推行"检察蓝＋生态绿"合作共建、联合共治、发展共促。持续开展"美丽乡村检察行"专项监督、水生态环境专项整治、古树名木保护专项监督等联合行动及现场办公，为保护绿水青山、促进绿色发展筑牢"检察屏障"。

实施污染防治攻坚行动。打造智慧环保综合监管平台，建成空气质量网格化微站20个、高空瞭望点3个、重点污染源企业在线数据监控点7个，通过"微观站＋巡航车＋高空瞭望"实时监测、远程指挥，精准守护莲花的碧水蓝天。深入推进餐饮油烟治理、工业废气治理、城镇生活污水处理等污染防治攻坚行动，采取源头禁限、过程减排、末端治理的全过程环境风险管控措施，生态环境质量连续多年保持全省前列。全年空气质量优良天数比例达97.7%，饮用水水源地、河流断面水质达标率达100%。

加强生态保护与修复。莲花县围绕"增绿、管绿、护绿、用绿、活绿"五大任务，全面铺开退化林修复、防护林建设、森林抚育补贴、低产低效林改造等项目。近年来，创建国家森林乡村4个、省级森林乡村10个、省级乡村森林公园10处，获评"江西省森林城市""江西省首届十佳绿色生态县"等美誉。创新实施矿山复绿工程，引入民间资本，聘请有资质的企业统一实施，已修复露天矿山2130余公顷，占总面积的46.6%，并入选全省国土空间生态修复试点县创建单位。

二、"两山"转化路径有效拓宽

建设生态产品交易中心。莲花县农文旅集团牵头创建生态产品交易中心，搭建生态资源价值评估中心、资源收储中心、资产运营中心、金融服务中心和资产交易平台"四中心一平台"，通过赎买、租赁、托管、股权合作、特许经营等方式，实现生态资源"化零为整"集约化和"积少成多"规模化经营。

创优生态产品特色品牌。莲花县充分用好国家有机食品生产基地建设示范县、国家农产品质量安全县等"金字招牌"，大力发展富硒农业和绿色有机农业，获评全省一类富硒功能重点农业县。"吉内得大米"获生态原产地产品证书。胜龙牛业入选"江西省十大新锐消费品牌"，以第一序位上榜2022年农业产业化国家重点龙头企业递补企业。莲花麻鸭、莲花大米、莲花肉牛被列入2022年第二批全国名特优新农产品名录。莲花白鹅成功注册国家地理标志证明商标，实现了莲花县"零的突破"。同时，莲花县以"莲花血鸭"被列为十大赣菜之一为契机，大力推进品牌建设。制定《"莲花血鸭"品牌创建与产业发展实施方案》，积极开展"莲花血鸭"国家非遗申报和"莲花血鸭"集体商标注册、行业标准确定、内涵文化挖掘和基地平台建设。2022年，"莲花血鸭"入选国家全产业链标准化示范区，并纳入首批全国预制菜登录宣展名录。

做强"生态+旅游"文章。莲花县以自然山水为依托，以一朵花、一枝枪、一道菜、一对伉俪"四个一"为内涵，以江西甘祖昌干部学院为载体，全力打造以生态观光、休闲康养、红色漫游等为主的旅游产品，推出了"赏莲花、尝血鸭、踏青山、游莲江、仰红色"的生态主打旅游线路和服务，在林旅、农旅、花旅、茶旅、村旅、红旅等方面开展深度融合。"'硒'游莲花，畅享一夏"乡村旅游线路更是获评2022年农业农村部中国美丽乡村休闲旅游行（夏季）精品景点线路。

推进生态产业循环发展。莲花县积极探索秸秆产业化、规模化利用，在全县全面实施秸秆综合利用行动，建成南岭秸秆回收利用中心，获评第二批中央财政农作物秸秆综合利用—秸秆产业化模式县,并将秸秆综合利用融入肉牛养殖产业中,打通"水稻种植—水稻收割—饲料加工—肉牛养殖—牛肉加工—有机肥生产—水稻种植"绿色循环经济链条,实现生态保护和增收致富两不误。

三、农民增收渠道向"多元"转变

特色农业增收。推动"土特产"做大做强,促进农民增收。神泉乡模背村已发展水稻制种1000亩以上,制种亩均净利润900元以上,有效带动了附近60余名村民就业增收致富,增加村集体经济收入30余万元。三板桥乡棠市村运用中央扶持壮大集体经济项目,实现了"制—产—藏—销"合一的规模化蘑菇种植,每年带动脱贫户16户、其他农户23户实现户均增收1.5万元。荷塘乡白竹村高山蔬菜种植基地占地20亩,2022年产量7万余斤,产值8万元左右,预计2023年产值将达到10万元。

当地就业增收。加快推进生态产业化,以产业促就业。胜龙牛业支持建设36个村集体肉牛基地,帮助近4000户农户增收致富;吉内得通过流转土地、吸纳就业、采购农产品等方式,带动2755户农户年均增收3000余元。湖上村打造乡村振兴"三创"园示范基地,引导乡贤建设"家门口"企业,让当地150余名村民实现"家门口"就业,走出"以特色产业壮大集体经济、以集体经济反哺传统村落保护"的路子。三板桥乡"莲花白鹅"养殖企业每年带动全县1000余户脱贫户养殖，脱贫户年均增收5000元以上。

入股分红增收。以利益联结促融合，带动农民增收致富。高滩村与龙头企业吉内得积极合作，以"支部+企业+基地+农户"助推村集体和农户"双增收"。采用土地租赁、土地流转等盘活资源，形成"送种还籽""借鸭还鸭""借牛还牛"等新模式，带动74户脱贫户增收致富，带动村民增收近100万元，户均年增收2700元。胜龙牛业通过土地集中流转盘活土地资源，完成流转土地5400亩，并一次性支付给农户30年流转费。成立了帮扶产业基地，接收各村产业帮扶资金入股胜龙牛业，于2018年7月与18个村签订产业合作协议，对18个村400万元资金进行集中投入经营，实现了1092户贫困户的增收目标，并已实现了第四次分红，累计分红72.93万元。

发展旅游增收。近年来，莲花县积极发展旅游业，把生态财富转化为经济财富。甘祖昌将军的故乡沿背村建成了江西甘祖昌干部学院，学院以"课堂在田野、吃住在农家、人人是教员、百姓齐参与"的培训模式，打破了干部与群众之间"无形"的围墙，使学员在身临其境、润物无声中感悟初心、锤炼党性，成为全国第一所"没有围墙"的干部学院。依托学院的红色培训，沿背村村民共增收1395万元，村级集体经济增收505万元。高滩村创新发展模式，引进社会资本运营农家乐；新建蔬菜大棚，因地制宜发展富硒辣椒产业；引进乡村振兴微车间，带动20余名妇女在村就业。

2022年，村级集体经济收入突破50万元，带动村民增收100余万元，推动群众生活水平不断提高。荷塘乡白竹村利用产业项目扶持资金，完善乡村旅游设施，吃上了旅游饭。2023年乡村避暑游火热，村集体经济突破了25万元。

第二节 硕果累累载誉前行

莲花县牢固树立和践行"绿水青山就是金山银山"的理念，建立健全生态产品价值实现机制，收获了一系列荣誉，生态文明建设硕果累累。

表 9-1 莲花县在生态文明建设领域获得的国字号和省字号荣誉

序号	名称
1	国家生态文明建设示范县
2	国家重点生态功能区
3	全国文明县城
4	全国农产品质量安全县
5	全国绿色食品原料（水稻）标准化生产基地县
6	全国休闲农业与乡村旅游示范县
7	第二批中央财政农作物秸秆综合利用—秸秆产业化模式县
8	江西省第二批生态文明示范县
9	江西省第三批"绿水青山就是金山银山"实践创新基地

(续表)

10	江西省第一批生态产品价值实现机制示范基地创建县
11	江西省生态文明教学实践创新基地
12	江西省首届十佳绿色生态县
13	江西省森林城市
14	江西省园林县城
15	江西省国土空间生态修复试点县
16	江西省旅游发展十佳县
17	江西省一类富硒功能重点农业县
18	江西甘祖昌干部学院成为全国72家党性教育干部学院之一
19	高滩村荣获中组部红色美丽村庄建设试点村、国家地质文化村（全国唯一四星级）、全国"一村一品"示范村镇等称号
20	棋盘山村被中组部命名为红色美丽村庄试点村
21	江西吉内得实业有限公司荣获"国家级生态农场""全国农耕文化实践营地""中国绿色品牌金奖""中国富硒好大米""全国名特优新农产品"等称号
22	江西胜龙牛业有限公司荣获"农业产业化国家重点龙头企业""全国农业重大技术协同推广示范基地""全国畜禽养殖标准化示范场""全国名特优新农产品""首批国家现代农业全产业链标准化示范基地创建单位""农业产业化国家重点龙头企业"等称号

（续表）

23	莲花血鸭全产业链标准化示范区入选国家第十一批农业标准化示范区，"莲花血鸭"纳入首批全国预制菜登录宣展名录
24	"莲花白鹅"成功注册国家地理标志证明商标
25	荷花博览园成功创建成国家4A级景区
26	"'硒'游莲花，畅享一夏"乡村旅游线路获评农业农村部中国美丽乡村休闲旅游行（夏季）精品景点线路

点绿成金——生态产品价值实现的莲花探索

第三节 新闻媒体频频关注

从空中俯瞰,莲花是一块绿色福地。莲花县优美的生态环境、丰富的红色文化资源、鲜明的生态产业和自信的精神面貌吸引了主流媒体频频关注。

图 9-1 央视对莲花县的报道

第九章 生态产品价值实现成效

江西莲花：生态与经济共生共赢

《人民日报》（ 2022年11月15日　第 14 版）

走进地处江西省西部的萍乡市莲花县，秀美的莲江水清岸绿、鱼翔浅底、鹤

桃花盛开游客来

作者：贺治斌　　　　《光明日报》（ 2023年03月21日　10版）

近年来，江西省莲花县大力发展农旅融合产业，建设各类种植基地，有力地促进了当地村民增收。图为3月20日，莲花县良坊镇白沙村秋雪蜜桃基地的80亩桃花竞相开放，吸引市民游客前来游玩。贺治斌摄/光明图片

图 9-2 中央媒体对莲花县的报道

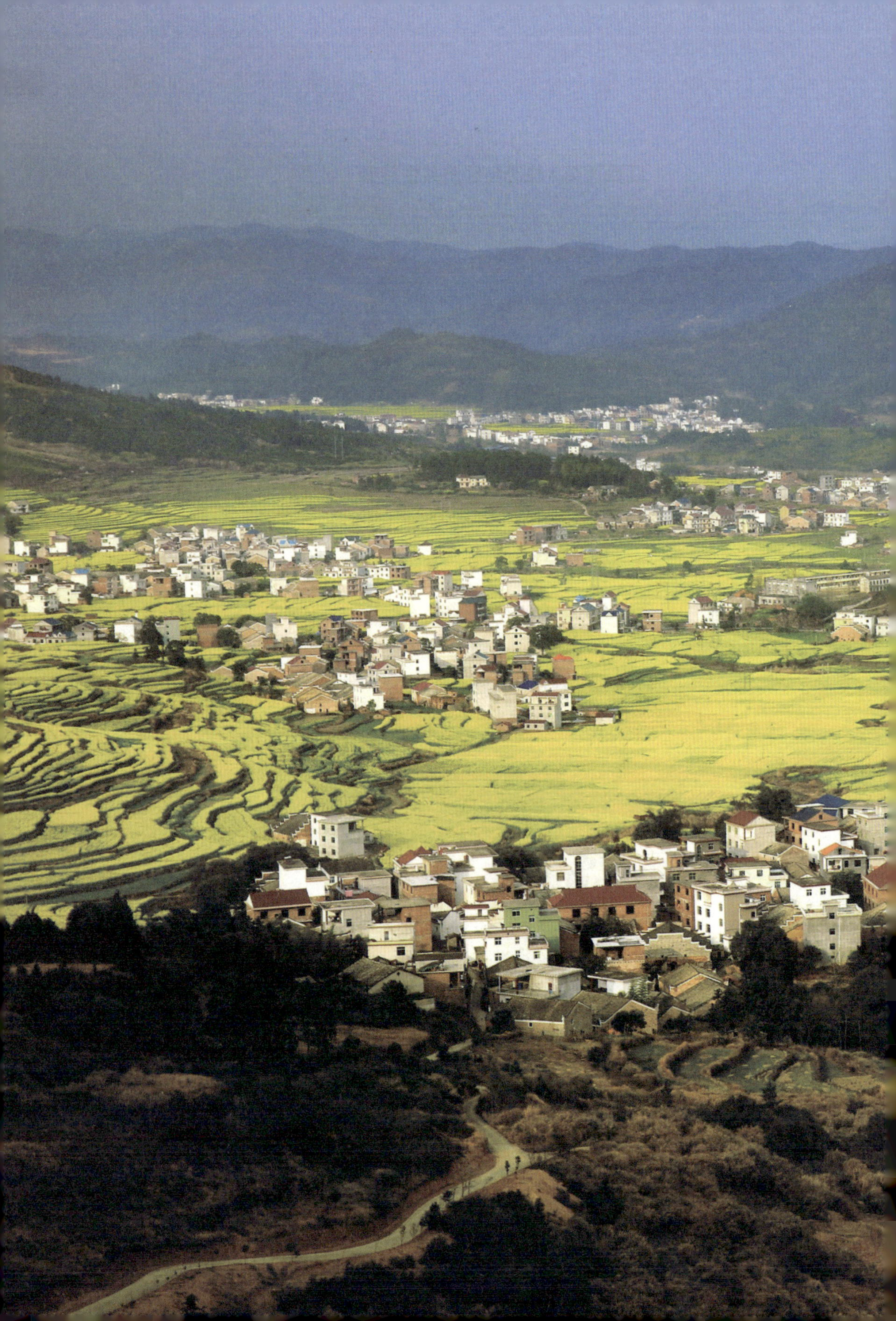

第十章
生态产品价值实现展望

迈上新征程，莲花县坚决扛起生态文明建设的政治责任，正努力让天更蓝、地更绿、水更清，生态更美好、环境更友好、产业更低碳、社会更和谐，全力为革命老区生态文明建设探索有益经验。

第一节 生态产品价值实现体制机制更完善[1]

一、生态产品供给机制

确保供应高品质的生态产品是实现生态产品价值的重要前提。持续坚持以保护为主、合理利用的原则，并严守自然生态安全边界，以确保自然生态系统得以休养生息为基础，从而提升自然资本，培育生态产品的价值。为达成这一目标，应该积极建立生态环境保护修复机制，着重关注生态保护红线、自然保护地等重点领域，以加快实施重要生态系统的保护和修复重大工程。首先，莲花县将建立综合的生态系统保护修复机制，坚持节约优先、保护优先、以自然恢复为主的原则，并尽可能采取"基于自然的解决方案（NbS）"，

---

[1] 宋昌素. 生态产品价值实现：现实困境与路径机制[J]. 行政管理改革，2023（9）：43-51.

来实施山水林田湖草沙一体化保护和系统治理工程，推进自然保护地体系建设，实施生物多样性保护重大工程，同时综合运用自然恢复和人工修复两种手段，科学地开展大规模国土绿化行动。其次，莲花县将建立健全的生态系统管理机制，深化集体林权制度改革，推行草原、森林、河流、湖泊、湿地的休养生息制度，完善耕地休耕轮作制度，以提升生态系统的多样性、稳定性和持续性，从而保障高品质生态产品的可持续供给，为建立健全生态产品价值实现机制奠定坚实的基础。最后，建立生态系统保护成效评估机制，在评估生态保护工程和生态修复项目成效时，纳入生态效益评价体系，建立以生态产品供给为目标导向的评估指标体系和考核制度。

二、生态产品摸底机制

对生态产品进行调查监测是为了回答生态产品"在哪里"和"有什么"的问题。首先，需要确立完善的自然资源确权登记制度。如果生态产品的权益归属和基本信息不清晰，那么就难以进行价值核算和价值实现。因此，需要建立健全自然资源确权登记机制，有序推进统一确权登记工作，明确划分自然资源资产的产权主体，界定所有权和使用权边界，明确生态产品的权责归属。其次，需要建立生态产品信息普查机制。借助现有的自然资源和生态环境调查监测体系，利用各种手段如自然资源调查和生态环境监测等，进行生态产品基础信息的调查，了解各类生态产品的数量和质量等基本情况，将信息数据进行分类整合，形成生态产品目录清单。最后，需要建立生态产品的动态监测机制，及时追踪了解生态产品的数量分布、质量等级、功能特性、权益归属、保护和开发利用情况等信息，并建立开放共享的生态产品信息云平台。

确立健全的生态产品价值评价机制是推动生态产品价值实现的关键，它有助于回答生态产品"价值多少"的问题。首先，需要建立生态产品价值评价体系。若无法科学合理地评估绿水青山所蕴含的生态产品价值，那么实现其价值就难上加难。因此，建立生态产品价值评价体系旨在制定有效的价值核算方法，构建被各方认可的共同评价标准，为绿水青山贴上价值标签。其次，必须建立生态产品价值核算结果应用机制。这意味着要探索将生态产品总值（GEP）纳入地区高质量发展综合绩效评价范畴中，进行GEP和GDP的"双考核"。通过逐步实施的方式，结合在政府绩效评估、生态保护补偿、生态环境损害赔偿、经营开发融资、生态资源权益交易等方面的实践和应用，验证和完善核算体系。同时，还需在规划编制和工程项目建设过程中，结合生态产品的实物量和价值量核算结果，采取必要的补偿措施，以确保生态产品的保值增值。建立生态产品价值核算结果发布制度，及时评估各地的生态保护成效和生态产品价值。

三、生态产品交易机制

促进生态产品价值实现需要持续强化和完善政府的积极作用。首先，要完善纵向生态保护补偿制度，根据 GEP 核算结果、生态保护红线等因素，优化重点生态功能区转移支付资金分配机制。在依法依规的前提下，统筹生态领域的转移支付资金，支持基于生态环境系统性保护修复的生态产品价值实现工程建设，例如设立市场化产业发展基金等方式。同时，通过发行企业生态债券和社会捐助等方式，拓宽生态保护补偿资金来源。另外，可以通过设立符合实际需要的生态公益岗位等方式，对主要提供生态产品的地区居民实施生态补偿。其次，要建立横向生态保护补偿机制，综合考虑 GEP 核算结果、生态产品数量和质量等因素，设计重点流域横向生态补偿制度。探索异地开发补偿模式，通过在生态产品供给地和受益地之间建立合作园区，健全利益分配和风险分担机制。最后，要健全生态环境损害赔偿制度，推动生态环境损害成本内部化，完善损害成本制度，建立合理的损害评估机制，将开发建设活动带来的负面外部成本内化于经营开发成本中，并根据生态产品价值核算结果等指标，进行合理的经济补偿。

生态产品的经营开发需要在严格保护生态环境的前提下，充分利用市场在资源配置中的关键作用，通过市场交易来实现生态产品的价值。为了充分发挥市场的积极性，在生态产品的价值实现中,需要健全生态产品经营开发机制。关键在于多方共同探索、企业和社会各界的参与,通过市场化运作,寻找可持续的生态产品价值实现路径,以激发市场的潜力。

四、生态产品保障机制

推动生态产品价值的实现需要强有力的保障机制。针对领导干部,应建立基于生态产品价值的绿色考核机制。利用评价考核机制的引导作用,细化绿色发展考核指标体系,根据主体功能定位,实施差异化考核制度。取消以经济发展类指标为主的考核,在生态功能区重点考核生态产品供给能力、环境质量改善、生态保护成效等指标。推动在其他主体功能区实行经济发展和生态产品价值"双考核"。将生态产品价值核算结果作为领导干部自然资源资产离任审计的重要参考,对造成生态产品总值严重下降的任期内领导干部依法追究责任。建立积极激励和严格约束并重的"绿色政绩"考核导向。对于普通民众,应建立生态环境保护利益导向机制。探索建立覆盖企业、社会组织和个人的生态信用积分体系,根据生态环境保护贡献给予相应积分,并提供相应的生态产品优惠服务和金融服务。鼓励各地建立多元化的资金投入机制,促进社会组织建立生态公益基金,共同推动生态产品价值的实现。同时,严格执行《中华人民共和国环境保护税法》,推进资源税改革。

第十章 生态产品价值实现展望

在符合相关法律法规的前提下,规范土地供给,以支持生态产品的可持续经营和开发。

健全生态产品价值实现机制需要充足的"财力"和"才力"支持。一方面,需要建立绿色金融产品开发机制,以加强资金支持。创新绿色金融产品的同时,要依法依规进行操作,推出使用权抵押、产品订单抵押等绿色信贷服务,同时探索"生态资产权益抵押+项目贷"模式,并在具备条件的地区鼓励探索"古屋贷"等新型金融产品。另一方面,需要建立完善的人才培养机制,以强化智力支持。借助高校和科研机构资源,加强对生态产品价值实现机制改革创新的研究,加强相关专业的建设和人才培养工作。

第二节 生态产品价值实现转化通道更顺畅[2]

重视整个生态产品价值链的建设，以清晰界定其价值含量。充分挖掘生态价值向人文、经济、生活等方面转化的途径，将绿水青山视为"第四产业"的经营对象，以促进美好生态成为经济发展的重要因素。建立生态产品价值评价和核算体系，采用以行政区为单位的生态产品总值（GEP）统计制度，逐步将生态产品价值核算数据纳入国民经济核算范畴，建立"评估—定价—交易"动态价值评估和价格形成机制。通过市场交易和经济补偿等手段，明确相关指标体系和具体算法，完善生态产品经济价值核算方法。推动生态产品价值核算结果的应用，将其纳入经济社会发展评价体系，加强在政府决策和绩效考核评价中的运用，并要求在规划编制和工程项目实施过程中纳入生态产品的实物量和价值核算结果。

重视向绿色发展转型，建设现代化的生态产业体系。以实现产业生态化、生态产业化为目标，推动生产方式向绿色化转型，培育和壮大生态产业体系，不断提高生态经济对经济社会发展的贡献。着重构建清洁能源产业体系，积极发展光伏、光热等清洁

---

[2] 青海日报．持续拓宽生态产品价值实现路径 [EB/OL]．https://epaper.tibet3.com/qhrb/html/202302/21/76ae30a1-c5ef-4bd8-aab2-dbef34d7870d.pdf, 2023 年 2 月 21 日．

能源，完善新能源装备制造业全产业链，推动多能互补一体化项目，提升清洁生产和消费比重。同时，加大力度发展节能环保产业，积极发展餐厨垃圾处理等节能环保装备制造业，构建再生资源回收利用产业链，积极开发城市矿产，打造再生资源利用基地。加快发展绿色有机农牧业，大力发展高品质特色农畜产品，推进化肥农药减量增效，打造绿色有机区域品牌，构建现代农牧业产业、生产和经营体系。积极推动文旅产业融合发展，优化生态旅游布局，打造国家级旅游景区和旅游度假区，积极开发生态观光等旅游新产品，丰富旅游线路。培育生态产品市场开发主体，鼓励挖掘废弃矿山等资源，推动资源权益流转经营，统筹实施生态环境整治和配套设施建设，提升生态产品开发的价值。

重视权责平衡，建立多元化、市场化的生态补偿机制。根据受益者与补偿者的原则，完善相关政策，实现生态保护者和受益者之间的良性互动，确保生态保护者能够获得实际利益。不断扩大生态补偿的范围。完善森林生态系统保护补偿机制，探索以政府购买服务为主的公益林管护机制。改进水生态系统保护补偿机制，逐步将国家重要湿地纳入补偿范围。推动建立流域上下游生态补偿机制。借助国家推动建立长江生态保护补偿机制的机会，通过资金补偿、对口协作等市场化、多元化的方式，促进生态保护地区和受益地区的互利共赢。完善生态损害赔偿制度。推进生态环境损害成本内部化，加强对生态环境修复与损害赔偿的执行和监督，改善生态环境领域的行政执法与刑事司法、生态环境损害赔偿与生态环境公益诉讼之间的衔接机制，提高破坏生态环境等违法行为的成本。

　　重视政策供给，加强支持生态产业发展的保障措施。加快推进区域要素市场的建设，通过加强财税、金融、土地、人才等方面的制度支持，建立完善符合实际情况且有效的政策支持框架。加大财税方面的支持力度，通过设立专项资金和直接股权投资等方式，引导更多社会和金融资本投入生态产业发展的重点领域和薄弱环节。对于认定的绿色供应链、绿色园区、绿色工厂、绿色产品，给予奖励和补助。拓宽投融资渠道，鼓励金融机构加大对生态产业的支持力度，引导发展绿色债券市场，扩大绿色保险覆盖范围，支持绿色企业上市。鼓励企业和个人依法依规开展绿色信贷业务，探索采用"生态资产权益抵押＋项目贷款"模式。加强要素的高效配置，确保生态产品重点项目用地需求，设立生态产业项目用地审批绿色通道，充分利用存量土地支持生态产业项目建设。加强创新人才队伍的建设，扩大"候鸟型"人才引进和使用范围，依托高校设立生态技术人才培养基地。开展生态信用体系建设试点，制定环境信用评价管理办法。

第三节 生态产品价值实现模式路径更多元

在严格维护生态环境的前提下，鼓励采用多样化的模式和途径，科学合理地推动生态产品的价值实现。根据不同地区独特的自然资源，采取人与自然和谐相处的方式，如采用原生态种植和养殖模式，以提升生态产品的价值。通过运用先进技术进行精深加工，拓展生态产品产业链和价值链。依托洁净水源、清洁空气和适宜气候等自然条件，适度发展环境友好型产业，如数字经济、清洁医疗和电子元器件制造业，将生态优势转化为产业优势。借助优美的自然风光和历史文化遗产，引入专业设计和管理团队，建立以旅游与康养休闲为主的生态旅游开发模式，在尽量减少人为干扰的前提下，实现旅游业与生态环境的良性融合发展。加快培育生态产品市场的经营开发主体，鼓励利用废弃矿山、工业遗址和古村落等存量资源，推动相关资源的集中流转和开发利用，以整治生态环境系统和配套设施建设来提升教育、文化和旅游的开发价值。

生态保护补偿模式。生态保护补偿模式是按照"谁受益谁补偿、谁保护谁受偿"的原则，由各级政府或受益地区向生态保护地区购买生态产品的方式，主要以资金、政策、实物、项目、技术等方式进行补偿，旨在实现生态价值的保护。目前，中国已初步形成多元化的生态补偿模式，补偿范围也逐渐从单一领域扩展到综合生态补偿。在实践中，主要包括上级政府财政转移支付、跨区域的横向生态补偿、中央财政资金支持的各类生态建设工程以及对个人进行的生态保护补贴等几种途径。[3]

生态资源指标和生态产权交易模式。生态资源指标及生态产权交易模式是一种将自然资源产权和政府指标交易相结合的核心模式，旨在整合政府主导和市场力量，实现生态价值的路径。通过这种方式，可以将分散的自然资源使用权或经营权进行整合和专业化运营，从而提升生态产品的产能。[4]

绿色金融模式。目前，国内环保手段主要依赖于行政手段，而金融方面的杠杆效应尚未充分发挥。为了有效应对这一情况，绿色金融模式崭露头角。该模式的核心在于确保法律制度完备、市场条件持续健康、基础设施建设完善，以便发挥其优化资源配置、价格发现和风险管理等功能。通过提供多种金融服务产品，如绿色信贷、环境与气候基金、生态信托、生态保险和生态效益债券等，实现资源和资金的有效补充。[5]

生态农业产业化模式。生态农业产业化以市场为导向，致力

---

[3] 叶有华, 肖冰, 冯宏娟, 等. 乡村振兴视域下的生态产品价值实现模式路径研究[J]. 生态环境学报, 2022, 31(2): 421-428.

[4] 张潇尹. 生态资源资产产权交易研究综述[J]. 现代经济信息, 2019(6): 14.

[5] 蓝虹. 完善金融支持实现碳中和目标的机制[J]. 中国金融家, 2021(6): 75-77.

于最大化效益。它通过持续提升农业生产环境质量，保障农产品、林产品和水产品的绿色供给能力。通过因地制宜地创新配置农业生产要素，将生态产品的价值融入农产品、工业品和服务产品中。这样做可以实现农业生产的专业化、规模化和社会化管理，推动农业产业向着自我积累和循环的方向发展。同时，该模式还致力于树立和打造区域生态品牌，增加生态产品的价值，提升其在市场上的竞争力。

生态旅游和特色文化产业化模式。生态旅游和特色文化产业化主要是指依托于森林山地、河流湖泊、历史遗存以及独特的文化资源，提供各种文化服务和价值产品。这些产品紧密结合于相关的生态产业，并转化为具有明确产权、可直接进行交易的商品。这种转化通常通过游客的参与消费和商品的对外销售等方式来促进市场的活力。

生态保护修复与保值增值模式。生态保护修复与保值增值模式意在通过生态系统的保护、修复和综合开发，维护现有良好的生态环境，修复受损的生态系统，以及恢复自然生态系统的结构和功能。这一模式旨在提高生态产品的供给能力，实现生态产品价值的提升，并促进其对周边环境的积极影响。[6]

---

[6] 叶有华，林珊玉，何玉琳，等. 粤港澳大湾区海岸带生态系统修复框架[J]. 生态学报，2021，41(23)：9186-9195.

后记

党的十八大以来,莲花县深入贯彻习近平生态文明思想,牢固树立和践行"绿水青山就是金山银山"的理念,聚焦"走在前、勇争先、善作为"的目标要求,围绕江西省委打造"三大高地"、实施"五大战略"的决策部署,紧扣萍乡市委"强化'六个聚力',纵深推进赣西、长株潭城市群叠加链接区和湘赣边区域合作枢纽区建设,全力打造产业转型升级标杆城市"的具体路径,奋力打造全域美丽、全民共享、全国闻名的生态名县,奋力推进"小县大城"精彩"变现"。

展望未来,莲花县将牢记习近平总书记的殷殷嘱托,落实江西省委、省政府的决策部署和萍乡市委、市政府的工作要求,坚持生态优先、绿色发展,拓宽"两山"转化通道,完善生态产品价值实现机制,增强责任感、使命感,谱写中国式人与自然和谐共生现代化莲花篇章。

本书是共同合作的成果。本书编撰得到了莲花县各部门、单位和乡镇(场)的大力支持,编写组向提供素材的人员表示诚挚的谢意。同时,参考了大量的新闻报道和期刊论文,编写组向相关文献的作者们表示衷心的感谢。第一章介绍莲花县基本概况，由邹金浪、刘志飞执笔；第二章梳理莲花县自然生态产品，由冷克诚执笔；第三章梳理莲花县生态文化产品，由罗世龙、李映江、陈晶晶执笔；第四章梳理莲花县生态特色农产品，由李致远执笔；第五章论述生态产品价值实现的战略目标与机制，由温家明、邹金浪执笔；第六章阐述莲花县生态产品价值实现路径，由陈倩茹执笔；第七章凝练莲花县生态产品价值实现模式，由欧阳振益、陈彬、冷克诚、陈倩茹、罗世龙、李映江、温家明、陈晶晶、刘志飞执笔；第八章和第九章总结莲花县生态产品价值实现的成效与展望，由邹金浪、刘志飞执笔。

  由于时间仓促、水平有限，书中难免存在不足，敬请广大读者批评指正。

编者

2024 年 5 月